A INFLUÊNCIA DA RELIGIÃO NA POLÍTICA BRASILEIRA

da colonização
indígena pelos
jesuítas à
bancada
evangélica
do congresso
nacional

MÔNIA MEDEIROS LASMAR

A INFLUÊNCIA DA RELIGIÃO NA POLÍTICA BRASILEIRA

da colonização
indígena pelos
jesuítas à
bancada
evangélica
do congresso
nacional

CASA DO DIREITO

Copyright © 2019 by Editora Letramento
Copyright © 2019 by Mônia Medeiros Lasmar

Diretor Editorial | **Gustavo Abreu**
Diretor Administrativo | **Júnior Gaudereto**
Diretor Financeiro | **Cláudio Macedo**
Logística | **Vinícius Santiago**
Designer Editorial | **Luís Otávio Ferreira**
Assistente Editorial | **Giulia Staar e Laura Brand**
Capa | **Vanúcia Santos**
Revisão | **Daniel Rodrigues Aurélio (Barn Editorial)**
Projeto gráfico e diagramação | **Gustavo Zeferino**

Conselho Editorial | Alessandra Mara de Freitas Silva;
Alexandre Morais da Rosa; Bruno Miragem; Carlos María Cárcova;
Cássio Augusto de Barros Brant; Cristian Kiefer da Silva; Cristiane Dupret;
Edson Nakata Jr; Georges Abboud; Henderson Fürst; Henrique Garbellini
Carnio; Henrique Júdice Magalhães; Leonardo Isaac Yarochewsky;
Lucas Moraes Martins; Luiz Fernando do Vale de Almeida Guilherme;
Nuno Miguel Branco de Sá Viana Rebelo; Renata de Lima Rodrigues;
Rubens Casara; Salah H. Khaled Jr; Willis Santiago Guerra Filho.

Todos os direitos reservados.
Não é permitida a reprodução desta obra sem
aprovação do Grupo Editorial Letramento.

Dados Internacionais de Catalogação na Publicação (CIP) de acordo com ISBD

L345i	Lasmar, Mônia Medeiros
	A influência da religião na política brasileira: da colonização indígena pelos jesuitas à bancada evangélica do congresso nacional / Mônia Medeiros Lasmar. - Belo Horizonte : Casa do Direito, 2019. 166 p. ; 14cm x 21cm.
	Inclui bibliografia e índice. ISBN: 978-85-9530-269-3
	1. Ciências políticas. 2. Política. 3. Brasil. 4. Religião. I. Título.
2019-1065	CDD 320.0981 CDU 32(81):2

Elaborado por Vagner Rodolfo da Silva - CRB-8/9410

Índice para catálogo sistemático:
1. Ciências políticas : Brasil 320.0981
2. Ciências políticas : Brasil : Religião 32(81):2

Belo Horizonte - MG
Rua Magnólia, 1086
Bairro Caiçara
CEP 30770-020
Fone 31 3327-5771
contato@editoraletramento.com.br
editoraletramento.com.br
casadodireito.com

Casa do Direito é o selo jurídico do
Grupo Editorial Letramento

Dedico este livro aos meus pais.

AGRADECIMENTOS

Agradeço aos meus familiares, posto que sempre presentes, ainda que eu estivesse do outro lado do oceano; à Isabel Banond (*in memoriam*), minha orientadora, por sua paciência e compreensão; à Ju, minha "irmã" em Portugal e ao Chiquinho, companhia constante em momentos de inspiração e aflição.

*Dai, pois, a César o que é de César, e a Deus
o que é de Deus. (Mateus, 22:21)*

LISTA DE ABREVIATURAS

ADI – Ação Direta de Inconstitucionalidade

ADPF – Ação de Descumprimento de Preceito Fundamental

CCJC – Comissão de Constituição e Justiça e Cidadania

CF/88 – Constituição Federal de 1988

CNBB – Confederação Nacional dos Bispos do Brasil

CNJ – Conselho Nacional de Justiça

CSSF – Comissão de Seguridade Social e Família

FPE – Frente Parlamentar Evangélica

ONU – Organização das Nações Unidas

PL – Projeto de Lei

PNDH3 – Plano Nacional de Direitos Humanos (3ª Etapa)

PT – Partido dos Trabalhadores

SF PLC – Senado Federal: Projeto de Lei da Câmara

STF – Supremo Tribunal Federal

STJ – Superior Tribunal de Justiça

SUMÁRIO

	INTRODUÇÃO	**15**
1.	**BREVE HISTÓRICO**	**19**
	1.1. INDÍGENAS E JESUÍTAS	19
	1.2. CONSTITUIÇÕES BRASILEIRAS	28
	1.3. A CONSTITUIÇÃO FEDERAL DE 1988 E A LAICIDADE DO ESTADO	38
2.	**CONGRESSO NACIONAL**	**51**
	2.1. BANCADAS DO CONGRESSO: GRUPOS DE PRESSÃO	61
	2.2. BANCADA EVANGÉLICA	70
3.	**CASOS PONTUAIS**	**77**
	3.1. CÉLULAS-TRONCO	78
	3.2. HOMOSSEXUAIS	80
	3.2.1. ESTATUTO DA FAMÍLIA E ADOÇÃO	80
	3.2.2. CASAMENTO CIVIL HOMOAFETIVO	95
	3.2.3. HOMOFOBIA	97
	3.3. ABORTO	115
	3.3.1. ABORTO DE ANENCÉFALO	142
4.	**CONCLUSÃO**	**147**
5.	**REFERÊNCIAS**	**153**

INTRODUÇÃO

Este livro tem como escopo analisar a influência da religião na política brasileira desde os seus primórdios, com foco nos tempos atuais, em que as bancadas religiosas são bem definidas no Congresso Nacional, que tem a votação de suas leis diariamente influenciada pelas organizações e lideranças religiosas, ainda que o Brasil seja constitucionalmente um Estado laico.

É senso comum que a religião exerce influência na política ao longo de toda a história da humanidade: desde o Egito Antigo, em que os faraós consultavam deuses antes de tomar decisões políticas, passando pelo surgimento do anglicanismo na Inglaterra, quando o rei Henrique VIII rompeu com a Igreja Católica com o intuito de ver-se divorciado de sua primeira esposa. Para César Fiuza,

> no início, a Religião era domínio absoluto sobre o homem, O Direito nada mais era do que expressão da vontade divina. A classe sacerdotal possuía o monopólio do conhecimento jurídico. Durante a Idade Média, ficaram famosos os Juízos de Deus com suas ordálias. As decisões ficavam condicionadas a jogo de sorte e azar, pois Deus interferia diretamente no julgamento. Um prato de louça era jogado ao alto. Se ao cair se quebrasse, o réu seria considerado culpado, caso o prato não se quebrasse, absolvia-se o infeliz.
> Foi só a partir do século XVII que o Direito começou a se laicizar. (2009, p.6).

Portanto, além dos políticos escolhidos e influenciados por Deus, a religião também interferia diretamente na justiça. A influência religiosa é presente também na história das grandes colonizações até o foco e problemática do presente livro, que é a sua ascendência no Congresso brasileiro em tempos contemporâneos. Conforme Isabel Maria Banond de Almeida, com base no entendimento de Turgot:

> A sociedade não detém qualquer direito sobre as convicções íntimas dos indivíduos. A Liberdade no exercício das mesmas pelos indivíduos só pode ser plena, e a sociedade nunca poderá banir do seu seio quem se recusar a submeter às leis sobre a religião para seguir a sua consciência. Faz parte dos direitos fundamentais do Ser humano a Liberdade de salvaguardar as suas próprias consciências e a sociedade não tem qualquer direito a nisso intervir: quando o ouse fazer, essas leis serão sempre injustas. Nenhuma religião tem o direito de exigir qualquer outra proteção que a Liberdade, repete-se e divulga-se. Muito embora o Estado tenha o direito a escolher dentre as religiões toleradas e que se exercem com Liberdade, a que protege preferencialmente, nem os direitos de consciência das primeiras, nem o exercício das segundas poderão, em qualquer caso, ser superiorizadas em termos relativos. (2012, p. 438-439).

Assim, há que se entender que, embora um Estado possua religião oficial, o que não é o caso do Brasil, esta não poderá influir em decisões políticas importantes, isto é, que afetem a todos, seguidores ou não daquela religião. O máximo que se pode permitir, portanto, é que o Estado proteja a liberdade às religiões.

Nos inúmeros casos em que se permite o ingresso da religião no âmbito político de um Estado, ocorre também a invasão de direitos individuais e fundamentais, não faltando exemplos, extremos ou não, como o homicídio de homossexuais em países islâmicos; o Brasil "peca", porém, por omissão, ao permitir que forças religiosas interfiram na política e impeçam, por exemplo, a aprovação de projeto de Lei que prevê a classificação de "homofobia" como crime, a despeito de todos os dados apresentados sobre os homicídios praticados apenas em função da orientação sexual da vítima.

Apesar de devidamente demonstrada a ocorrência de números gritantes de homicídios e agressões físicas motivadas por homofobia, a Lei que difere o homicídio comum do homicídio por homofobia, agravando este último, encontra-se com votação em aberto no Senado Federal desde o ano de 2006. É importante lembrar que o "feminicídio" já ganhou proteção diversa do homicídio comum com o advento da Lei nº 11.104/2015, que o tornou crime qualificado; porém, em relação à defesa dos direitos LGBTQI, entram em conflito as interpretações – muitas vezes leituras literais – da Bíblia contra a defesa dos direitos das chamadas minorias. Recentemente, o STF tipificou o crime de homofobia, devido à inércia do Congresso. Este assunto será tratado adiante, neste livro.

Um desafio encontrado no decorrer deste trabalho foi manter a isenção diante de alguns casos colocados, tendo em vista que indivíduos, religiosos ou não, possuem entendimentos pessoais sobre diversos temas. Porém, aqui, como no Congresso Nacional, não cabem (ou não deveriam caber) opiniões pessoais, entendimentos baseados em qualquer matéria que não seja o direito em toda a sua extensão. Assim, como julgar a tentativa de criminalização da homofobia deixando de lado os direitos humanos e o reconhecimento de que todos somos iguais? Como discorrer acerca do tema aborto sem considerar as liberdades individuais e, especialmente, o direito à vida? Como entender que a religião possa tentar impedir as pesquisas com células-tronco tendo o mínimo de conhecimento científico?

Desse modo, o este livro é um convite a que se repense algumas das escolhas, especialmente as políticas, para que se entenda que o modo como o Congresso Nacional vem tratando já há alguns anos o exercício (e o poder) da legislação não condiz com a definição laica do Brasil, que, apesar de – mui corretamente – garantir a liberdade religiosa, não abre espaço à interferência desta na vida civil.

Cumpre informar que, aqui, o termo "igreja" será quase sempre mencionado em letras minúsculas, por tratar, não de uma igreja específica, mas da religião e religiosidade em geral, no que ela influencia ou não na política. O termo será cunhado em letras maiúsculas apenas quando se referir a uma denominação específica.

1. BREVE HISTÓRICO

1.1. INDÍGENAS E JESUÍTAS

Desde a chegada dos portugueses ao Brasil no século XVI, verifica-se a influência da religião na estruturação do Estado e sua governabilidade. Junto aos colonizadores, desembarcaram também em terras brasileiras as missões jesuítas, que chegaram com o intuito de evangelizar e civilizar os índios que já ali habitavam. Conforme afirma Darcy Ribeiro:

> Sobre esses índios assombrados com o que lhes sucedia é que caiu a pregação missionária, como um flagelo. Com ela, os índios souberam que era por culpa sua, de sua iniquidade, de seus pecados, que o bom deus do céu caíra sobre eles, como um cão selvagem, ameaçando lança-los para sempre nos infernos. O bem e o mal, a virtude e o pecado, o valor e a covardia, tudo se confundia, transtrocando o belo com o feio, o ruim com o bom. Nada valia, agora e doravante, o que para eles mais valia: a bravura gratuita, a vontade de beleza, a criatividade, a solidariedade. A cristandade surgia a seus olhos como o mundo do pecado, das enfermidades dolorosas e mortais, da covardia, que se adonava do mundo índio, tudo conspurcando, tudo apodrecendo. (2006, p.39).

Na época das grandes navegações, a Igreja Católica, em parceria com a Coroa portuguesa, expandia também os seus limites territoriais:

> A expansão da fé cristã não estava em contradição com os interesses materiais. O sucesso econômico era visto como reconhecimento divino das ações realizadas. Havia, portanto, uma complementariedade entre a dilatação da fé, os ganhos materiais dos colonizadores e a expansão imperial do reino português. Além da profunda religiosidade característica da época, havia o compromisso assumido pela Coroa portuguesa junto à Santa Sé – o padroado – pelo qual o rei e a Igreja Romana se transformavam em parceiros na expansão ultramarina. O papa legitimava a expansão marítima e colonial e, em troca, o rei se tornava patrono da Igreja Católica em seus domínios e nos territórios recém-conquistados. (SEZINANDO, 2015, p 33).

Dessa forma, a Igreja Católica influenciou – e influencia até os dias atuais – a política brasileira. Sendo que, nos últimos anos, atua em conjunto com outras denominações religiosas, especialmente as chamadas evangélicas.

A missão dos jesuítas era a salvação das almas dos índios, seres ainda "não civilizados", que teriam na religião e no trabalho (inclusive forçado) o perdão divino para as suas almas até então pecadoras:

> De todo o debate, só reluzia clara como o sol, para a cúpula real e para a Igreja, a missão salvacionista que cumpria à cristandade exercer, a ferro e fogo, se preciso, para incorporar as novas gentes ao rebanho do rei e da Igreja. Esse era um mandato imperativo no plano espiritual. Uma destinação expressa, uma missão a cargo da Coroa, cujo direito de avassalar os índios, colonizar e fluir as riquezas da terra nova decorria do sagrado dever de salvá-los pela evangelização. (RIBEIRO, 2006, P.54)

Conforme pode ser verificado, a figura do rei andava em conjunto com a Igreja, ambos com um fim único, que não poderia ser conquistado separadamente.

O processo civilizatório, acionado pela revolução tecnológica que possibilitou a navegação oceânica, transfigurou as nações ibéricas, estruturando-as como impérios *mercantis salvacionistas*. Assim é que se explica a vitalização extraordinária dessas nações, que de repente ganharam uma energia expansiva inexplicável numa formação meramente feudal e também numa formação capitalista. Mesmo porque estas últimas só surgiram mais tarde, na Inglaterra e na Holanda. (RIBEIRO, 2006, p. 58).

A Coroa portuguesa e a Igreja Católica entendiam ser necessário um processo civilizatório daqueles que habitavam o Brasil, não importando os meios que fossem utilizados para tanto:

> Apesar de o projeto jesuítico de colonização do Brasil nascente ter sido formulado sem qualquer escrúpulo humanitário, tal foi a ferocidade da colonização leiga que estalou, algumas décadas depois, um sério conflito entre os padres da companhia e os povoadores dos núcleos agrários-mercantis. Para os primeiros, os índios, então em declínio e ameaçados de extinção, passaram a ser criaturas de Deus e donos originais da terra, com direito a sobreviver se abandonassem suas heresias para se incorporarem ao rebanho da Igreja, na qualidade de operários da empresa colonial recolhidos às missões. Para os colonos, os índios eram um gado humano, cuja natureza, mais próxima de bicho que de gente, só os recomendava à escravidão. (RIBEIRO, 2006, p. 48-49)

Assim, os jesuítas desejavam "salvar" os índios, ao contrário dos colonos, que pretendiam tão somente a sua escravidão. A Coroa portuguesa apoiava os jesuítas, que lhe auxiliavam – ainda que na forma religiosa – em seu propósito de colonização; porém, sem tomar providências em relação às atitudes dos colonos.

Arrependendo-se da fase inicial da colonização, em que aliciavam índios aos colonos, os jesuítas tentariam reconstruir as vidas daqueles em pequenas comunidades. Tais alterações no projeto inicial da colonização contrariavam os interesses dos colonos, que perdiam, assim, parte de sua mão de obra:

> Depois de algumas décadas, os jesuítas reconheceram que, além de não conseguirem salvar as almas dos índios pelo evidente fracasso da conversão – o que, de resto, não era grave, porque "o despertar da fé é tarefa de Deus", não do missionário (Nóbrega apud Dourado 1958, p. 44) – também não salvavam suas vidas. Ao contrário. Era evidente o despovoamento de toda a costa e, vistos os fatos agora, não se pode deixar de reconhecer, também, que os próprios jesuítas foram um dos principais fatores de extermínio. (RIBEIRO, 2006, p. 50)

Desta forma, não há dúvidas de que os jesuítas, principais representantes do Estado religioso naquele momento histórico, atuaram primeiramente como colonizadores dos indígenas, utilizando-se da religião como ferramenta. Somente após verificarem ser parte de sua responsabilidade tamanha exploração que ocorria com o povo indígena é que passaram a ter como missão protegê-lo:

> A atuação mais negativa dos jesuítas, porém, se funda na própria ambiguidade de sua dupla lealdade frente aos índios e à Coroa, mais predispostos, porém, a servir a esta Coroa contra os índios aguerridos que a defende-los eficazmente diante dela. Isso sobretudo no primeiro século, quando sua função principal foi minar as lealdades étnicas dos índios, apelando fortemente para o seu espírito religioso, a fim de fazer com que se desgarrassem das tribos e se atrelassem às missões. A eficácia que alcançam nesse papel alienador é tão extraordinária quanto grande a sua responsabilidade na dizimação que dela resultou. (RIBEIRO, 2006, p. 51).

Finalmente, no século XVII, o segundo da colonização brasileira, figuras como o Padre Antônio Vieira passam a defender os índios, arriscando as suas próprias vidas e liberdades para tanto, sendo posteriormente expulsos de alguns locais pelos próprios colonos:

> No segundo século, já enriquecidos de seu triste papel e também representados por figuras mais capazes de indignação moral, como Antônio Vieira, os jesuítas assumiram grandes riscos

no resguardo e na defesa dos índios. Foram, por isso, expulsos, primeiro, de São Paulo e, depois, do estado do Maranhão e Grão-Pará pelos colonos. Afinal, a própria Coroa, na pessoa do marquês de Pombal, decide acabar com aquela experiência socialista precoce, expulsando-os do Brasil. Então, ocorre o mais triste. Os padres entregam obedientemente as missões aos colonos ricos, contemplados com a propriedade das terras e dos índios pela gente de Pombal, e são presos e recolhidos à Europa, para amargar por décadas o triste papel de subjugadores que tinham representado. (RIBEIRO, 2015, p. 51)

O Padre Antônio Vieira serviu tanto à Igreja, quanto à Coroa, tendo auxiliado o rei D. João IV – de quem foi confidente por vinte longos anos em Lisboa – a dignificar, de certa forma, a – na maioria das vezes desumana – tarefa da colonização:

Vieira mostrou-se ancorado em dois sistemas de conhecimento. De um lado, tinha consciência da decadência portuguesa no século XVII. De outro, parecia convencido de que a glória eterna daquela monarquia era vontade de Deus. Buscava a ligação invisível entre os atos políticos e os desígnios divinos, combinando o cálculo *maquiavélico* com o modelo providencialista da história, à moda de Santo Agostinho. (VAINFAS, 2015, p. 19)

Nesse ponto, cumpre salientar que Maquiavel, em sua obra *O príncipe*, aduz sobre os principados eclesiásticos:

Resta-nos somente, agora, falar dos principados eclesiásticos, nos quais todas as dificuldades existem antes que se os possuam, eis que são adquiridos ou pela virtude ou pela fortuna, e sem uma e outra se conservam, porque são sustentados pelas ordens de há muito estabelecidas na religião; estas tornam-se tão fortes e de tal natureza que mantêm os seus príncipes sempre no poder, seja qual for o modo por que procedam e vivam. Só estes possuem Estados e não os defendem; súditos, e não os governam; os Estados, por serem indefesos, não lhes são tomados; os súditos, por não serem governados, não se preocupam, não pensam e nem podem separar-se deles. Somente esses principados, pois, são seguros e felizes. (MAQUIAVEL, 2012, p. 44)

Acerca do providencialismo agostiniano, o Padre Antônio Vieira nele pareceu buscar inspiração, ao demonstrar, por meio de seus próprios atos, que a única forma de salvar as almas daqueles pobres homens da terra era através da aceitação de Deus e da religião pelos mesmos:

> Em *A cidade de Deus* o autor segue por um caminho completamente diferente. Nesta obra Agostinho relaciona o tempo à história. Se torna o primeiro autor cristão a elaborar uma espécie de história providencialista. O tempo transcorre linearmente, e a história se desenvolve de acordo com a vontade de Deus, em direção ao Juízo Final. As pessoas se dividem entre a Cidade Terrena e a Cidade de Deus, que estão, entretanto misturadas neste mundo. No dia do julgamento, os bons serão salvos e os maus condenados. Enquanto não chega esse dia, Deus interfere nas ações humanas através de sua Providência. A história tem início, a criação, e fim, o Juízo Final.
> (…)
> Em *A cidade de Deus* Agostinho inaugura uma visão de pensamento linear a respeito da História, que passa a ser detentora de um sentido maior, determinado por Deus.

Dessa forma, o Padre Antônio Vieira defendeu a ideia de que os acontecimentos daquela época seguiam um plano proposto pela Providência divina para o reino de Portugal, plano este no qual ele também era um dos missionários, destinados a aplicá-lo:

> Vieira destaca a história de Portugal nesse plano mais vasto da criação até o juízo final – ou do juízo final até a criação (o que é o mesmo na perspectiva eterna de Deus). Propõe que os acontecimentos da nação portuguesa – sua origem, reis, guerras e descobrimentos – sempre foram planejados por Deus. E, portanto, profetizados na Bíblia, embora não tenham sido corretamente interpretados pelos padres e doutores antigos. Um exemplo é o do capítulo 18 de Isaías, até então, diz ele, indecifrado: "Ai da terra que tem navios com asas, que está além dos rios da Etiópia, que envia embaixadores por mar, e em vasos de juncos sobre as águas, a um povo terrível, uma

gente que está esperando e é pisada, a quem os rios arrebataram a terra". Para Vieira, "o texto de Isaías se entende do Brasil, porque o Brasil é a terra que direitamente está além e da outra banda da Etiópia", e "não pode haver gente mais terrível entre todas as que têm figura humana do que aquelas (quais são os Brasis), que não só matam seus inimigos, mas depois de mortos os espedaçam, os assam, os comem e os caçam a este fim (...) E esta gente e esta província mostraremos agora que é, com toda a propriedade, a que vulgarmente chamamos Maranhão (...) em toda aquela terra (em que os rios são infinitos e os maiores e mais caudalosos do mundo) quase todos os campos estão alagados e cobertos de água doce". (MUHANA, 2015, p. 38-39)

Assim, ainda que fosse necessário escravizar o trabalho indígena em prol dos interesses da Coroa, eram mantidos também os interesses da Igreja, não devendo o excesso de trabalho prejudicar os índios em suas tarefas espirituais:

Se, por um lado, os interesses materiais dos senhores não podiam impedir o acesso dos escravos à doutrina cristã, por outro, a doutrina também precisava adequar-se às necessidades do trabalho. Por isso Vieira critica não apenas os "excessos" dos senhores, mas também os escravos que, em decorrência do trabalho, deixam de fazer suas orações. E propõe que, em vez de rezar todo o Rosário, os escravos rezem apenas um terço. A "liberdade espiritual" dos escravos estava, portanto, subordinada ao trabalho. O exercício da fé não podia se sobrepor à atividade produtiva.

Este era um desafio argumentativo para o jesuíta: se a escravidão é legitimada pela possibilidade da conversão, como poderia o trabalho ser mais importante que a oração? Para Vieira, Portugal havia sido escolhido por Deus para universalizar o cristianismo e estabelecer o Quinto Império do mundo, previsto no livro de Daniel. A realização dessa profecia exigia da Coroa portuguesa recursos materiais e, por isso, a produção nos engenhos não podia diminuir. Somente assim a conversão do gentio e o combate aos infiéis avançariam rumo ao estabelecimento do império de Deus na Terra, que teria nos portugueses os seus realizadores. (SEZINANDO, 2015, p. 35)

Segundo Karl Arenz (2015, p. 26-29), o padre Antônio Vieira entendia que a docilidade dos índios os predispunha a aceitarem de bom grado os ensinamentos da igreja. E ainda, Vieira acreditava que os indígenas possuíam a capacidade de se organizar em sociedades. Porém, para tanto, deveriam ser, de certa forma, lapidados, para que não houvesse regressão à sua natural brutalidade, o que poderia ser realizado justamente com a catequização efetuada pelos jesuítas.

Tal entendimento é completamente contrário ao entendimento dos colonos, que acabam por expulsar Antônio Vieira:

> Apesar de defender a "liberdade dos índios", o padre português não contestou, enquanto homem do século XVII, a instituição da escravidão. Argumentava apenas que, assim como a liberdade, ela deveria ser regulamentada. "Não é minha intenção que não haja escravos; antes procurei nesta corte, como é notório e se pode ver da minha proposta, que se fizesse, como se fez, uma junta dos maiores letrados sobre este ponto, e se declarassem, como se declararam por lei, as causas do cativeiro lícito. Mas porque nós queremos só os lícitos, e defendemos [isto é, proibimos] os ilícitos, por isso nos não querem naquela terra, e nos lançam fora dela", explica no *Sermão da epifania* (1662). (ARENZ, 2015, p. 29)

Assim, em virtude de seu longo contato com o rei D. João IV, bem como dos problemas crescentes em relação aos colonos, o Padre Antônio Vieira continuou, em Lisboa, a sua luta em prol dos índios brasileiros:

> Vieira, que havia servido durante 20 anos como confidente do rei D. João IV, resolveu, diante da resistência dos colonos, voltar a Portugal para mobilizar as autoridades em favor de uma definição mais precisa da "liberdade dos índios". Visava também propiciar a evangelização desses numerosos povos e, em vista disso, sugeriu uma série de medidas: exclusão dos capitães de assuntos indigenistas, presença obrigatória de um

sacerdote em todas as expedições , nomeação de "procuradores dos índios", regulamento das condições e dos prazos de trabalho, inventário anual da mão de obra indígena e concentração dos nativos em aldeamentos, sob a administração exclusiva dos padres da Companhia de Jesus. (ARENZ, 2015, p. 27)

Ainda assim, os índios, apesar de não terem *status* de escravos, a tal sorte foram e continuaram a ser submetidos:

> A própria redução jesuítica só pode ser tida como uma forma de cativeiro. As missões eram aldeamentos permanentes de índios apresados em guerras ou atraídos pelos missionários para lá viverem permanentemente, sob a direção dos padres. O índio, aqui, não tem o estatuto de escravo nem de servo. É um catecúmeno, quer dizer, um herege que está sendo cristianizado e assim recuperado para si mesmo, em benefício de sua salvação eterna. No plano jurídico, seria um homem livre, posto sob tutela em condições semelhantes às de um órfão entregue aos cuidados de um tutor.
>
> Para os padres, eles seriam almas racionais mas transviadas, postas em corpos livres, mas carentes de resguardo e vigilância. Estando ali, porém, deviam trabalhar para seu sustento e para fazer próspera a comunidade de que passavam a fazer parte. Também podiam ser recrutados a qualquer hora para a guerra contra qualquer força que ameaçasse os interesses coloniais, porque esses passavam a ser os seus próprios. Podiam também ser mandados às vilas para trabalho compulsório de interesse público na edificação de igrejas, fortalezas, na urbanização de cidades, na abertura de estradas ou como remeiros e cozinheiros, ou serviçais nas grandes expedições ou no que mais lhe fosse indicado, sempre em benefício da coletividade que passara a integrar. Podiam, finalmente, ser arrendados aos colonos mediante salários de duas varas de pano de algodão, aprenderiam com o padre a gastar criteriosamente, quem sabe em alguma obra de caridade. (RIBEIRO, 2006, p. 92-93)

Após servirem secularmente a seus ideais religiosos e também à Corte, os jesuítas tiveram por encerradas as suas missões na colônia brasileira:

É de perguntar, aqui, se não foi o próprio êxito que levou os projetos utópicos de jesuítas e de franciscanos ao fracasso. Vendo a incompatibilidade insanável entre eles e os colonos e, por extensão, entre o projeto missionário e o real, se afastaram para criar sua própria província europeia. Queriam dar à expansão ibérica a alternativa freiral de restauração de uma indianidade cristianizada, que falaria as línguas indígenas e só teria fidelidade a si mesma. Entre as duas proposições, não havia dúvida possível. As Coroas optaram, ambas, pelo projeto colonial. Os místicos haviam cumprido já a sua função de dignificar a ação conquistadora. Agora, deviam dar lugar aos homens práticos, que assentariam e consolidariam as bases do império maior que jamais se viu. Em lugar de sacros reinos pios, sob reis missionários a serviço da Igreja e de Deus, os reis de Espanha e de Portugal queriam é o reino deste mundo. (RIBEIRO, 2006, p. 57)

Apesar de os missionários católicos terem retornado à Corte, a religião, naquele momento, já se encontrava instalada no Brasil, permanecendo, ainda bastante forte, até os dias atuais.

1.2. CONSTITUIÇÕES BRASILEIRAS

Muito além da época da colonização brasileira, a influência direta da religião católica perdurou oficialmente no Brasil por alguns séculos. Em 1824, D. Pedro I promulgou a Constituição Política do Império do Brasil. Nela ficou estabelecido que a religião católica apostólica romana continuaria a vigorar como a religião oficial do império. A Constituição é, inclusive, promulgada, em nome da "Santíssima Trindade":

DOM PEDRO PRIMEIRO, POR GRAÇA DE DEOS, e Unanime Acclamação dos Povos, Imperador Constitucional, e Defensor Perpetuo do Brazil : Fazemos saber a todos os Nossos Subditos, que tendo-Nos requeridos o Povos deste Imperio, juntos em Camaras, que Nós quanto antes jurassemos e fizessemos jurar o Projecto de Constituição, que haviamos offerecido ás suas observações para serem depois presentes á nova Assembléa Constituinte mostrando o grande desejo, que tinham, de que elle se observasse já como Constituição do Imperio, por lhes merecer a mais plena approvação, e delle esperarem a sua individual, e geral felicidade Politica : Nós Jurámos o sobredito Projeto para o observarmos e fazermos observar, como Constituição, que dora em diante fica sendo deste Imperio a qual é do theor seguinte:

CONSTITUICÃO POLITICA DO IMPERIO DO BRAZIL.

EM NOME DA SANTISSIMA TRINDADE.

TITULO 1º

Do Imperio do Brazil, seu Territorio, Governo, Dynastia, e Religião.

Art. 1. O IMPERIO do Brazil é a associação Politica de todos os Cidadãos Brazileiros. Elles formam uma Nação livre, e independente, que não admitte com qualquer outra laço algum de união, ou federação, que se opponha á sua Independencia.

Art. 2. O seu territorio é dividido em Provincias na fórma em que actualmente se acha, as quaes poderão ser subdivididas, como pedir o bem do Estado.

Art. 3. O seu Governo é Monarchico Hereditario, Constitucional, e Representativo.

Art. 4. A Dynastia Imperante é a do Senhor Dom Pedro I actual Imperador, e Defensor Perpetuo do Brazil.

Art. 5. A Religião Catholica Apostolica Romana continuará a ser a Religião do Imperio. Todas as outras Religiões serão permitidas com seu culto domestico, ou particular em casas para isso destinadas, sem fórma alguma exterior do Templo.

A liberdade de culto a outras religiões era garantida, porém não em público. O tipo de estado era confessional, ou seja, havia oficialmente vínculos jurídicos entre governo e religião. (RUSSAR, 2012). Em 1890, no ano seguinte à Proclamação da República, publica-se o Decreto nº 119-A, garantindo a liberdade religiosa a todos os cidadãos brasileiros, proibindo o Estado de definir uma religião oficial:

Art. 1º E' prohibido á autoridade federal, assim como á dos Estados federados, expedir leis, regulamentos, ou actos administrativos, estabelecendo alguma religião, ou vedando-a, e crear differenças entre os habitantes do paiz, ou nos serviços sustentados á custa do orçamento, por motivo de crenças, ou opiniões philosophicas ou religiosas.

Art. 2º a todas as confissões religiosas pertence por igual a faculdade de exercerem o seu culto, regerem-se segundo a sua fé e não serem contrariadas nos actos particulares ou publicos, que interessem o exercicio deste decreto.

Art. 3º A liberdade aqui instituida abrange não só os individuos nos actos individuaes, sinão tabem as igrejas, associações e institutos em que se acharem agremiados; cabendo a todos o pleno direito de se constituirem e viverem collectivamente, segundo o seu credo e a sua disciplina, sem intervenção do poder publico.

Art. 4º Fica extincto o padroado com todas as suas instituições, recursos e prerogativas.

Art. 5º A todas as igrejas e confissões religiosas se reconhece a personalidade juridica, para adquirirem bens e os administrarem, sob os limites postos pelas leis concernentes á propriedade de mão-morta, mantendo-se a cada uma o dominio de seus haveres actuaes, bem como dos seus edificios de culto.

Art. 6º O Governo Federal continúa a prover á congrua, sustentação dos actuaes serventuarios do culto catholico e subvencionará por anno as cadeiras dos seminarios; ficando livre a cada Estado o arbitrio de manter os futuros ministros desse ou de outro culto, sem contravenção do disposto nos artigos antecedentes.

Art. 7º Revogam-se as disposições em contrario.

Logo após, em 1891, foi proclamada a Constituição da República dos Estados Unidos do Brasil, em que se separou o Estado da Igreja, em seu artigo 72, § 7º. Estava instituído o estado laico no Brasil:

Nenhum culto ou igreja gosará de subvenção official, nem terá relações de dependencia ou alliança com o Governo da

União, ou o dos Estados. A representação diplomatica do Brasil junto á Santa Sé não implica violação deste principio.

Ainda assim, garantiu-se, desde então, o exercício da liberdade religiosa, sendo vedado ao estado, ainda que laico, intervir nas crenças religiosas dos indivíduos. Eis outro trecho da Constituição de 1891:

> Art 11 - É vedado aos Estados, como à União:
> 1 º) criar impostos de trânsito pelo território de um Estado, ou na passagem de um para outro, sobre produtos de outros Estados da República ou estrangeiros, e, bem assim, sobre os veículos de terra e água que os transportarem;
> 2 º) estabelecer, subvencionar ou embaraçar o exercício de cultos religiosos.

Dessa forma, o Brasil somente passou a ser constituído oficialmente como estado laico a partir de 1891, ainda que a influência religiosa tenha continuado a ocorrer e ainda ocorra não oficialmente, conforme será demonstrado.

> A relação simbiótica entre Estado e Igreja Católica vigorou também durante o Império. Sendo assim, no Código Criminal vigente em 1830, em seu artigo 276, observa-se a punição à celebração, à propaganda ou ao culto de confissão religiosa diferente da oficial (religião católica), Foi somente com a República, ao final do século XIX, que se observou uma guinada em direção à separação oficial do Estado em relação à Igreja Católica. A primeira Constituição da República, que data de 1891, é laica, logo, prevê a separação entre o poder político e as instituições religiosas, não permitindo a interferência direta de um determinado poder religioso nas questões do Estado (...). (LOPES e VITAL DA CUNHA, 2012, p. 28-29)

Em 1934, foi promulgada nova Constituição, que continuou proibindo alianças entre Estado e Igreja, porém contendo, em seu preâmbulo: *"Nós, os representantes do povo brasileiro, pondo a nossa confiança em Deus, reunidos em Assembléia Nacional Constituinte..."*

Assim como no modelo atual, a Constituição de 1934 – embora garantisse a liberdade religiosa – nomeava em seu preâmbulo um Deus em quem confiar, ainda que não se tratasse da mesma divindade adorada em todas as religiões.

> O resultado do estabelecimento do estado laico no Brasil foi a formulação de legislações objetivando regular e garantir a liberdade religiosa. Na Constituição de 1934 a liberdade religiosa é francamente apregoada. No Código Penal Brasileiro de 1940 observa-se, entre outros, o impedimento ao constrangimento público de alguém em razão de sua crença religiosa. (LOPES e VITAL DA CUNHA, 2012, p.29).

É importante observar que o pluralismo religioso brasileiro, já bastante difundido naquela época, iniciou-se praticamente junto ao dito "descobrimento". E embora o catolicismo fosse a religião instituída e oficial, sendo, inclusive, proibida a prática de outras religiões – a vinda dos escravos trouxe diversidade religiosa ao Brasil.

Mesmo entre os católicos, havia a difusão de novos formatos de religião, tendo em vista a falta de representantes oficiais da Igreja nos muitos interiores do país:

> Era o modelo católico, portanto, que servia de parâmetro para a delimitação do que se concebia como religião. Essa centralidade do catolicismo, todavia, não se verifica apenas durante o período republicano. Antes disso podem ser identificados vários momentos que ilustram a hegemonia católica na história nacional, Lembremos do processo de colonização (séc. XVI), que foi realizado numa parceria entre o governo português e as missões de padres jesuítas (1549), de carmelitas descalços (1580), de beneditinos (1581), de franciscanos (1584), de capuchinhos (1642), entre outros. Até meados do século XVIII, o Estado controlou a atividade eclesiástica na colônia por meio do padroado. Arcava com o sustento da Igreja e impedia a entrada no Brasil de outros cultos, em troca de reconhecimento e obediência. Além de nomear e remunerar párocos e bispos, o Estado concedia licença para a construção de igrejas.

> No período colonial, exigia-se que todos os colonos fossem católicos, a religião oficial no Brasil de então. Ao longo dos séculos que se seguiram à chegada dos colonizadores, os leigos portugueses desempenharam importante papel na expansão do catolicismo no Brasil, sobretudo nas regiões interioranas nas quais a presença de padres e clérigos era rara. Muito embora os leigos tenham desempenhado esse papel fundamental, o catolicismo popular que difundiam foi alvo de estigmatização por parte do catolicismo oficial, como sendo "feitiçaria, superstição, arte mágica e pacto com o diabo (Botas, 2009: 38). Do ponto de vista legal, era expressamente proibido professar outra religião que não a Católica Apostólica Romana (Silva, 2009: 136-137). (LOPES e VITAL DA CUNHA, 2012, p. 28)

De volta à Constituição de 1934, a liberdade religiosa já era assegurada no rol dos direitos e garantias individuais, assim como o é atualmente, também em seu 5º artigo naquela época.

Cumpre salientar que o atual artigo 5º da Constituição vigente é o tradicional artigo garantidor de todos os direitos básicos e fundamentais do cidadão brasileiro. Fosse tal artigo inteiramente cumprido e respeitado, talvez não houvesse a necessidade do restante do texto constitucional. Na Constituição de 1934:

> 5) É inviolável a liberdade de consciência e de crença e garantido o livre exercício dos cultos religiosos, desde que não contravenham à ordem pública e aos bons costumes. As associações religiosas adquirem personalidade jurídica nos termos da lei civil.
>
> 6) Sempre que solicitada, será permitida a assistência religiosa nas expedições militares, nos hospitais, nas penitenciárias e em outros estabelecimentos oficiais, sem ônus para os cofres públicos, nem constrangimento ou coação dos assistidos. Nas expedições militares a assistência religiosa só poderá ser exercida por sacerdotes brasileiros natos.
>
> 7) Os cemitérios terão caráter secular e serão administrados pela autoridade municipal, sendo livre a todos os cultos religiosos a prática dos respectivos ritos em relação aos seus

crentes. As associações religiosas poderão manter cemitérios particulares, sujeitos, porém, à fiscalização das autoridades competentes. É lhes proibida a recusa de sepultura onde não houver cemitério secular.

Já a Constituição de 1937, editada durante o governo de Getúlio Vargas, permanece vedando a associação entre Estado e Igreja e permitindo a liberdade religiosa dos indivíduos, porém, sem citar Deus em seu preâmbulo, como ocorre com a Constituição anterior:

> Art. 32 - É vedado à União, aos Estados, ao Distrito Federal e aos Municípios:
> (...)
> b) estabelecer, subvencionar ou embaraçar o exercício de cultos religiosos;

E ainda:

> DOS DIREITOS E GARANTIAS INDIVIDUAIS
>
> Art 122 - A Constituição assegura aos brasileiros e estrangeiros residentes no País o direito à liberdade, à segurança individual e à propriedade, nos termos seguintes:
> (...)
> 4º) todos os indivíduos e confissões religiosas podem exercer pública e livremente o seu culto, associando-se para esse fim e adquirindo bens, observadas as disposições do direito comum, as exigências da ordem pública e dos bons costumes;
> (...)
>
> DA EDUCAÇÃO E DA CULTURA
> (...)
> Art 133 - O ensino religioso poderá ser contemplado como matéria do curso ordinário das escolas primárias, normais e secundárias. Não poderá, porém, constituir objeto de obrigação dos mestres ou professores, nem de freqüência compulsória por parte dos alunos.

Em relação à Constituição de 1946, a liberdade religiosa foi mantida no rol de direitos e garantias individuais:

CAPÍTULO II

Dos Direitos e das Garantias individuais

Art 141 - A Constituição assegura aos brasileiros e aos estrangeiros residentes no País a inviolabilidade dos direitos concernentes à vida, à liberdade, a segurança individual e à propriedade, nos termos seguintes:

(...)

§ 7º - É inviolável a liberdade de consciência e de crença e assegurado o livre exercício dos cultos religiosos, salvo o dos que contrariem a ordem pública ou os bons costumes. As associações religiosas adquirirão personalidade jurídica na forma da lei civil.

§ 8º - Por motivo de convicção religiosa, filosófica ou política, ninguém será privado de nenhum dos seus direitos, salvo se a invocar para se eximir de obrigação, encargo ou serviço impostos pela lei aos brasileiros em geral, ou recusar os que ela estabelecer em substituição daqueles deveres, a fim de atender escusa de consciência.

§ 9º - Sem constrangimento dos favorecidos, será prestada por brasileiro (art. 129, nº s I e II) assistência religiosa às forças armadas e, quando solicitada pelos interessados ou seus representantes legais, também nos estabelecimentos de internação coletiva.

§ 10 - Os cemitérios terão caráter secular e serão administrados pela autoridade municipal. É permitido a todas as confissões religiosas praticar neles os seus ritos. As associações religiosas poderão, na forma da lei, manter cemitérios particulares.

A Constituição de 1946 prevê ainda, além do que já foi definido nas constituições anteriores em matéria de religião, conforme acima demonstrado, a proibição ao Estado de lançar impostos sobre as igrejas, conforme o artigo 31, V, *b*:

Art 31 - A União, aos Estados, ao Distrito Federal e aos Municípios é vedado:

(...)

V - lançar impostos sobre:

(...)

b) templos de qualquer culto bens e serviços de Partidos Políticos, instituições de educação e de assistência social, desde que as suas rendas sejam aplicadas integralmente no País para os respectivos fins;

A isenção tributária que beneficia as entidades religiosas perdura até os dias atuais no Brasil, sendo por diversas vezes objeto de controvérsia, especialmente em relação às grandes igrejas evangélicas, representadas no Congresso Nacional (conforme será visto adiante) e ainda em relação à Igreja Católica, possuidora de bens em diversas partes do mundo.

Insta salientar que o artigo 31 prevê, além da liberdade religiosa em si, o impedimento a que o estado estabeleça culto religioso, como vem sendo praticado no Congresso Nacional, ainda que não exista religião oficial. Tal fato será demonstrado adiante, no capítulo destinado à bancada evangélica.

> Art 31 - A União, aos Estados, ao Distrito Federal e aos Municípios é vedado:
> (…)
> II - estabelecer ou subvencionar cultos religiosos, ou embaraçar-lhes o exercício;

Na Constituição de 1967, todas as definições anteriores são mantidas, mas a palavra Deus volta a constar no preâmbulo: *"O Congresso Nacional, invocando a proteção de Deus, decreta e promulga a seguinte"*. No rol de proibições à União, verifica-se:

> Art 9º - A União, aos Estados, ao Distrito Federal e aos Municípios é vedado:
> (…)
> II - estabelecer cultos religiosos ou igrejas; subvencioná-los; embaraçar-lhes o exercício; ou manter com eles ou seus representantes relações de dependência ou aliança, ressalvada a colaboração de Interesse público, notadamente nos setores educacional, assistencial e hospitalar;

Dessa forma, é encontrada, pela primeira vez constitucionalmente, a realização de assistencialismo social pelas igrejas, em parceria com o Estado, sendo este um dos motivos que permitiu a entrada em massa de representantes das denominações evangélicas no Congresso Nacional brasileiro após a Constituição "cidadã" de 1988, o que também será tratado posteriormente. Já no rol das liberdades, é assim definida a liberdade religiosa na Constituição de 1967:

> *Dos Direitos e Garantias Individuais*
>
> Art 150 - A Constituição assegura aos brasileiros e aos estrangeiros residentes no País a inviolabilidade dos direitos concernentes à vida, à liberdade, à segurança e à propriedade, nos termos seguintes:
> § 1º - Todos são iguais perante a lei, sem distinção, de sexo, raça, trabalho, credo religioso e convicções políticas. O preconceito de raça será punido pela lei.
> (...)
> § 5º - É plena a liberdade de consciência e fica assegurado aos crentes o exercício dos cultos religiosos, que não contrariem a ordem pública e os bons costumes.
> § 6º - Por motivo de crença religiosa, ou de convicção filosófica ou política, ninguém será privado de qualquer dos seus direitos, salvo se a invocar para eximir-se de obrigação legal imposta a todos, caso em que a lei poderá determinar a perda dos direitos incompatíveis com a escusa de consciência.
> § 7º - Sem constrangimento dos favorecidos, será prestada por brasileiros, nos termos da lei, assistência religiosa às forças armadas e auxiliares e, quando solicitada pelos interessados ou seus representantes legais, também nos estabelecimentos de internação coletiva.

A Constituição de 1967 ainda prevê a possibilidade de perda de direitos políticos, caso haja a recusa de prestação de serviço por motivos religiosos, entre outros, o que poderia ser entendido como um limite à liberdade religiosa, concedida pelo mesmo texto constitucional:

> Art 144 - Além dos casos previstos nesta Constituição, os direitos políticos:

(...)

II - perdem-se:

(...)

b) pela recusa, baseada em convicção religiosa, filosófica ou política, à prestação de encargo ou serviço impostos aos brasileiros, em geral;

Assim, depreende-se que o Brasil se constituiu, há muito, como um estado laico, ou seja, neutro em matéria de religião, pugnando sempre pela liberdade das manifestações religiosas.

1.3. A CONSTITUIÇÃO FEDERAL DE 1988 E A LAICIDADE DO ESTADO

A Constituição atualmente vigente no Brasil, qual seja, a de 1988, já em seu preâmbulo, contém:

> Nós, representantes do povo brasileiro, reunidos em Assembléia Nacional Constituinte para instituir um Estado Democrático, destinado a assegurar o exercício dos direitos sociais e individuais, a liberdade, a segurança, o bem-estar, o desenvolvimento, a igualdade e a justiça como valores supremos de uma sociedade fraterna, pluralista e sem preconceitos, fundada na harmonia social e comprometida, na ordem interna e internacional, com a solução pacífica das controvérsias, promulgamos, sob a proteção de Deus, a seguinte CONSTITUIÇÃO DA REPÚBLICA FEDERATIVA DO BRASIL.

Ainda que o Brasil se declare um estado laico, a sua Carta Magna é promulgada *"sob a proteção de Deus"*, assim como várias das constituições anteriores.

Diferente de estado teocrático (em que ocorre a total junção entre poder político e poder religioso, como nos países de fundamentalismo islâmico) e estado confessional (em que ocorrem vínculos jurídicos entre religião e governo, como no Brasil Império), o estado laico é considerado neutro, tendendo a evitar alianças entre igrejas e governo, em virtude, principalmente, do pluralismo de religiões, como é o caso do Brasil. (RUSSAR, 2012).

Sobre a laicidade do Estado brasileiro, assim discorreu o Ministro do Supremo Tribunal Federal (STF), Marco Aurélio de Mello, quando do julgamento da Ação de Descumprimento de Preceito Fundamental nº 54, em 2013:

> Merece observação a temática afeta aos crucifixos e a outros símbolos religiosos nas dependências públicas. A discussão voltou à baila com a recente decisão do Conselho Superior da Magistratura do Estado do Rio Grande do Sul no sentido da retirada dos símbolos religiosos dos espaços públicos dos prédios da Justiça estadual gaúcha. Ao contrário dos tempos imperiais, hoje, reafirmo, a República Federativa do Brasil não é um Estado religioso tolerante com minorias religiosas e com ateus, mas um Estado secular tolerante com as religiões, o que o impede de transmitir a mensagem de que apoia ou reprova qualquer delas. Há mais. Causa perplexidade a expressão "Deus seja louvado" contida nas cédulas de R$ 2,00, R$ 5,00, R$ 10,00, R$ 20,00, R$ 50,00 e R$ 100,00, inclusive nas notas novas de R$ 50,00 e R$ 100,00, essas últimas em circulação a partir de 13 de dezembro de 2010. Em princípio, poder-se-ia cogitar de resquício da colonização portuguesa, quando era comum a emissão de moedas com legendas religiosas, ou de prática advinda do período imperial. Diligência junto ao Banco Central, no entanto, revelou que o Conselho Monetário Nacional – CMN, ao aprovar as características gerais das cédulas de Cruzados e de Cruzeiros, recomendou, de acordo com orientação da Presidência da República, que nelas fosse inscrita a citada locução. Nas cédulas de Cruzados, começou, então, a ser utilizada inclusive naquelas que tiveram a legenda adaptada: Cz$ 10,00 (Rui Barbosa), Cz$ 50,00 (Oswaldo Cruz) e Cz$ 100,00 (Juscelino Kubitschek) – Voto CMN 166/86, Sessão 468, de 26 de junho de 1986. Quando voltou a vigorar o padrão Cruzeiro (1990), foi suprimida no início, inclusive nas que tiveram a legenda adaptada: Cr$ 100,00 (Cecília Meireles), Cr$ 200,00

(República) e Cr$ 500,00 (Ruschi). Voltou a ser usada a partir da cédula de Cr$ 50.000,00 (Câmara Cascudo), em 1992, com base no Voto CMN 129/91 – Sessão 525, de 31 de julho de 1991. No início do padrão Real, foi retirada, mas retornou, após a emissão de algumas séries, em observância ao pedido do Ministro da Fazenda (Aviso n° 395, de 30 de março de 1994, do Ministério da Fazenda, Voto BCB/221, Sessão 1.577, de 8 de junho de 1994, Comunicado MECIR 4.050, de 20 de julho de 1994).

Vê-se, assim, que, olvidada a separação Estado-Igreja, implementou-se algo contrário ao texto constitucional. A toda evidência, o fato discrepa da postura de neutralidade que o Estado deve adotar quanto às questões religiosas. Embora não signifique alusão a uma religião específica, "Deus seja louvado" passa a mensagem clara de que o Estado ao menos apoia um leque de religiões – aquelas que creem na existência de Deus, aliás, um só deus, e o veneram –, o que não se coaduna com a neutralidade que há de ditar os atos estatais, por força dos mencionados artigos 5°, inciso VI, e 19, inciso I, da Constituição da República. Desses dispositivos resulta, entre outras consequências, a proibição de o Estado endossar ou rechaçar qualquer corrente confessional. Consigno, para efeito de documentação, que ao término de 2011, o Ministério Público intercedeu objetivando esclarecimentos sobre a matéria. Porém, não houve, até aqui, desdobramento sob o ângulo da efetiva impugnação.

(ADPF 54, p. 9-10, Grifo nosso).

Para Jorge Miranda:

O alcance político e literário do preâmbulo é evidente em qualquer Constituição. Ele reflete a opinião pública ou o projeto de que a Constituição retira a sua força; mais do que no articulado as palavras adquirem aqui todo o seu valor semântico e a linguagem todo o seu poder simbólico.

Menos palpável é o sentido jurídico. Dizer que aí se descobre o "espírito da Constituição" não basta para se apreender a exata natureza do preâmbulo tanto à face do articulado constitucional quanto à face das leis ordinárias.

> A doutrina distribui-se por três posições: a tese da irrelevância jurídica; a tese da eficácia idêntica à de quaisquer disposições constitucionais; entre as duas, a tese da relevância jurídica específica ou indireta, não confundindo preâmbulo e preceituado constitucional. De acordo com a primeira tese, o preâmbulo não se situa no domínio da política ou da história; de acordo com a segunda, ele acaba por ser também um conjunto de preceitos; de acordo com a terceira, o preâmbulo participa das características jurídicas da Constituição, mas sem se confundir com o articulado.
>
> Para nós, o preâmbulo é parte integrante da Constituição, com todas as suas consequências. Dela não se distingue nem pela origem, nem pelo sentido, nem pelo instrumento em que se contém. Distingue-se (ou pode distinguir-se) apenas pela sua eficácia ou pelo papel que desempenha.
>
> O preâmbulo dimana do órgão constituinte, tal como as disposições ou preceitos; é aprovado nas mesmas condições e o ato de aprovação possui a mesma estrutura e o mesmo sentido jurídico. Nem deixaria de ser estranho que, estando depositado num mesmo documento e inserido numa mesma unidade, fosse subtraído ao seu influxo ou fosse considerado despiciendo para a sua compreensão. Tudo quanto resulte do exercício do poder constituinte – seja preâmbulo, sejam preceitos constitucionais – e conste da Constituição em sentido instrumental, tudo é Constituição em sentido formal. (1983 apud MENDES et al., 2009, p. 31)

Dessa forma, é compreensível que, apesar de figurar como laico, permitindo e defendendo as liberdades das religiões, o Estado brasileiro é, antes de tudo – eis que o preâmbulo precede a Lei Maior – um estado *"sob a proteção de Deus"*. Diante de tal constatação, se depreende que o Brasil é laico e defende as liberdades religiosas – porém, algumas liberdades mais que as outras.

Afinal, "Deus" – o do preâmbulo – não está em todas as religiões, possuindo algumas delas, inclusive, vários deuses. Porém, a tradição brasileira, apreendida desde os tempos da colonização, não permite que o Deus presente no preâmbulo seja retirado das notas de dinheiro ou dos crucifixos e imagens presentes em praticamente todos os órgãos públicos da União. De acordo com Inocêncio Mártires Coelho, ainda sobre o preâmbulo da Constituição de 1988:

> Aceito esse ponto de vista, o "Deus" dos preâmbulos constitucionais, enquanto simples ideia ou puro pensamento, tanto pode figurar como não figurar nesses textos simbólicos, sem nenhum "prejuízo", seja para os crentes, seja para os ateus. Para os primeiros, porque o *seu* Deus, Aquele que tudo abarca, convocado ou não, ali sempre estará presente; para os descrentes porque, "sabendo" de antemão que Ele *não* existe, pouco se lhes dá invoca-lo como esquecê-lo, mencionar ou não mencionar o seu Nome, nos preâmbulos constitucionais como em qualquer lugar, porque – materialistas convictos – eles têm "certeza" de que *não* foi o Verbo *quem* criou o mundo e, por conseguinte, não há perigo de que palavras, mesmo de indivíduos "constituintes", possam fazer aquela "coisa normativa" que nós chamamos de Constituição. (2009, p.38)

Assim, ainda que se trate de um estado laico, o Brasil, além de agradecer a Deus no preâmbulo da CF/88, ostenta crucifixos e outros símbolos religiosos, normalmente católicos, em praticamente todas as suas repartições públicas, bem como inscrições louvando a Deus em suas notas de dinheiro, ainda que a sua última Constituição com religião oficial tenha sido justamente a sua primeira Constituição, a Imperial, em 1824.

Em relação ao Poder Judiciário, a laicidade do Estado se fez cada vez mais presente nos últimos anos, tendo em vista que várias decisões do Supremo Tribunal Federal em assuntos altamente polêmicos do ponto de vista religioso, como aborto de anencéfalo e casamento civil de homossexuais, deixaram completamente de lado os entendimentos bíblicos. Este assunto será tratado posteriormente, nos capítulos referentes aos casos concretos.

No entanto, cumpre salientar que o STF possui em seu plenário – o local de julgamento de todos os casos relativos às violações constitucionais, sendo o Supremo o guardião maior da Constituição brasileira – um crucifixo estrategicamente colocado na parede às costas do presidente do Tribunal, de maneira a sempre ter destaque nas transmissões televisivas realizadas pelo seu canal oficial.

Já o Poder Legislativo se ocupa bastante deste assunto, inclusive com a proposição de projetos de lei, com o fim de evitar que o Brasil não deixe de louvar a Deus em suas cédulas de dinheiro.

O deputado e pastor evangélico Marco Feliciano, em 2012, apresentou o Projeto de Lei nº 4.724, cujo objetivo é o de garantir que a inscrição "Deus seja louvado" permaneça nas cédulas de real impressas pelo Banco Central do Brasil. Eis o texto do projeto:

PROJETO DE LEI Nº 4.724, DE 2012

(Do Sr. Pastor Marco Feliciano)

> Estabelece que nas cédulas de dinheiro circulante, fabricado pela Casa da Moeda, constará a frase: -"Deus seja louvado". O Congresso Nacional decreta:

Art. 1º As cédulas de dinheiro circulante, fabricado pela Casa da Moeda, continuarão a ostentar a frase "Deus seja louvado", agora de forma obrigatória.

Art. 2º Esta Lei entrará em vigor na data de sua publicação, revogadas as disposições em contrário.

Na justificação ao projeto de lei, o deputado – e pastor evangélico – defende:

> A expressão "Deus seja louvado", não apenas é relevante para a fé de cada um, mas o que importa é a demonstração da tolerância com a fé do outro, em consonância com a maioria do povo brasileiro. A expressão que hoje é impressa nas notas não tem incomodado a ninguém desde que foi instituída em 1986, pois o Deus ali citado, que é genérico, abrange todas as crenças que conhecemos no Brasil.

Por ser o Brasil um país democrático, prevalece a vontade da maioria no conteúdo das leis, nos hábitos, costumes e valores, para consolidar o regime democrático, respeitando-se o direito das minorias. Grafando nas notas a frase "Deus seja louvado", demonstra apenas que a grande maioria acredita em um Deus, mas não significa que estejamos excluindo as pessoas que porventura não acreditam em Deus, sejam elas politeístas ou sejam simplesmente agnósticos. Nossas leis são por tradição positivistas, ou seja, quando expressa um pensamento não necessariamente nega o contraditório.

Já é tradição em nosso País, esses dizeres fazerem parte da estampa artística das cédulas de nosso dinheiro. Não se trata de frases de cunho religioso no sentido stricto sensu, mas no mais abrangente possível pois todas as religiões, sem distinção, acreditam em Deus.

Posso exemplificar com outros países que adotam frases semelhantes e que são exemplos de democracia religiosa para o mundo, como os Estados Unidos. Não se trata de ingerência religiosa no Estado Brasileiro, que continua sendo laico, mas a manutenção dessa frase vai de acordo com a unanimidade das pessoas que professam acreditar em Deus, independente da religião.

Se temos uma Constituição promulgada em nome de Deus, já exime qualquer ideia de que os dizeres no dinheiro possa impedir a convivência em condições igualitárias de todas as religiões, como uma sociedade fraterna e pluralista.

Art. 5º Todos são iguais perante a lei, sem distinção de qualquer natureza, garantindo-se aos brasileiros e aos estrangeiros residentes no País a inviolabilidade do direito à vida, à liberdade, à igualdade, à segurança e à propriedade, nos termos seguintes: (EC nº 45/2004) IV – é livre a manifestação do pensamento, sendo vedado o anonimato;

VI – é inviolável a liberdade de consciência e de crença, sendo assegurado o livre exercício dos cultos religiosos e garantida, na forma da lei, a proteção aos locais de culto e a suas liturgias;

VIII – ninguém será privado de direitos por motivo de crença religiosa ou de convicção filosófica ou política, salvo se as invocar para eximir-se de obrigação legal a todos imposta e recusar-se a cumprir prestação alternativa, fixada em lei;

IX – é livre a expressão da atividade intelectual, artística, científica e de comunicação, independentemente de censura ou licença. Por ser tradição e, vez por outra, haver movimentos querendo remover essa frase, que não causa constrangimento a ninguém, urge a necessidade de regulamentar através de um projeto de lei. (Grifo nosso).

Outro exemplo, bastante curioso, é o projeto de lei nº 3.194, de 1992, apresentado pelo então deputado Antonio de Jesus, cuja ementa proíbe a apologia à prática do "ocultismo" nos meios de comunicação:

PROJETO DE LEI Nº 3.194, DE 1992
(Do Sr. Antonio de Jesus)

> Proíbe o uso de vestes, símbolos e cenas de cerimônias de qualquer religião, bem como de palavras, temas ou quaisquer outros elementos que façam a apologia ou induzam a prática do ocultismo, na propaganda e na publicidade veiculadas por qualquer meio de comunicação.
> (Apense-se ao Projeto de Lei nº 1.714, de 1991)

O CONGRESSO NACIONAL decreta:

Art. 1º São proibidos o uso de vestes ou símbolos e a demonstração de motivos ou cerimônias de qualquer religião na propaganda, e na publicidade de qualquer natureza, veiculadas por qualquer meio de comunicação.

Art. 2º A propaganda e a publicidade não poderão, também, conter palavras, temas ou quaisquer outros elementos que, de qualquer forma, façam a apologia ou induzam à prática do ocultismo ou outros cultos que atentem contra a formação cristã do povo brasileiro.

Art. 3º A desobediência ao estabelecido nesta lei sujeitará os responsáveis pela produção dos comerciais, pela entidade anunciante e pelo órgão de comunicação que veicular o anúncio, à pena de detenção de três meses a um ano.

Parágrafo Único. Quando se tratar de emissoras de radiodifusão sonora ou de sons e imagens, além da pena aplicável aos seus responsáveis, prevista no caput deste artigo, estarão sujeitas, também, às penas de multa, suspensão ou cassação, previstas no art. 59 da lei nº 4.117, de 27 de agosto de 1962, com a redação que lhe deu o Decreto-lei nº 236, de 28 de setembro de 1967. Art. 4º Esta lei entra em vigor noventa dias após a sua publicação. Art. 5º Revogam-se as disposições em contrário.

A despeito da laicidade do estado brasileiro, naquela época renovada e novamente instituída no ordenamento jurídico, com a promulgação da Constituição Federal de 1988, o deputado pretendeu a total proibição da exibição de propagandas comerciais supostamente vinculadas à prática de ocultismo, justificando a propositura da lei no fato de que o povo brasileiro é religioso e de tradição cristã:

JUSTIFICAÇÃO

É sabido que o povo brasileiro é profundamente religioso. Apesar disto, ou talvez por este motivo mesmo, os responsáveis pela área de publicidade e propaganda, têm, seguidamente, se valido de símbolos ou vestes religiosas, de temas de demonstração de religiosidade das pessoas, de motivos religiosos ou até de cenas das próprias cerimônias religiosas, para fazer propaganda com fins completamente diversos, no mais das vezes desvirtuando completamente o sentido religioso daqueles objetos ou cenas. Muitas vezes, a visão apresentada é hilariante, grotesca ou caricatural.

Outro fato é a verdadeira apologia que se faz do ocultismo na propaganda e na publicidade veiculadas pelos meios de comunicação, fato que acaba conduzindo à proliferação de seitas, por vezes macabras, como a recentemente desbaratada pela polícia no Estado do Paraná, que até mesmo assassinou uma criança inocente.

Nosso projeto pretende fazer respeitar o princípio constitucional estabelecido para as emissoras de rádio e televisão, no inciso IV do art. 221 da Carta Magna, qual seja o do "respeito aos valores éticos e sociais da pessoa e da família", ampliando-lhe o alcance, também, para a propaganda e publicidade veiculadas por outros meios, como os jornais e revistas.

Assim sendo, pretendemos ver a exploração indevida da religiosidade do povo brasileiro transformada em crime punível com detenção de três meses a um ano, além de sujeitar as emissoras de rádio e televisão às penas da Lei n° 4.117/62.

Por estes motivos, esperamos contar com o apoio de todos os ilustres Senhores Parlamentares para a aprovação do nosso projeto.

É preciso salientar que, ainda que realmente houvesse propagandas comerciais veiculadas nos meios de comunicação tratando de "ocultismo" (apesar de se tratar de termo bastante subjetivo e não definido pelo deputado propositor do projeto), este seria permitido da mesma forma que o cristianismo, tendo em vista as garantias de liberdade religiosa e de culto na Constituição, vigentes à época e ainda vigentes atualmente, posto se tratar da mesma Carta Magna. Por fim, o projeto ainda afronta a Constituição de 1988, com a flagrante tentativa de tolher a liberdade de expressão, finalmente garantida com a promulgação desta lei, naquela época tão cara à sociedade brasileira, que vivia o período pós-ditadura, tendo sido os meios de comunicação completamente controlados pelos órgãos de censura e repressão.

O projeto de lei foi arquivado no ano seguinte à sua proposição, tendo em vista a sua flagrante inconstitucionalidade. O referido deputado propositor do projeto, ao se afastar da política, em 1998, tornou-se pastor evangélico da igreja Assembleia de Deus.

Tem-se, então, que um preâmbulo constitucional que introduza a figura de Deus em um Estado faz parte daquele ordenamento jurídico, tanto quanto qualquer um de seus artigos, podendo ser, inclusive, utilizado como justificativa para a utilização de símbolos religiosos em órgãos públicos ou demais "coisas públicas" de determinado país, tal como ocorre com as notas de dinheiro.

Saindo do âmbito do preâmbulo e adentrando as garantias fundamentais previstas na Constituição de 1988, encontra-se a definição de liberdade religiosa, em seu tradicional e já mencionado artigo 5°:

TÍTULO II
DOS DIREITOS E GARANTIAS FUNDAMENTAIS

CAPÍTULO I
DOS DIREITOS E DEVERES INDIVIDUAIS E COLETIVOS

Art. 5º Todos são iguais perante a lei, sem distinção de qualquer natureza, garantindo-se aos brasileiros e aos estrangeiros residentes no País a inviolabilidade do direito à vida, à liberdade, à igualdade, à segurança e à propriedade, nos termos seguintes:

(...)

VI - é inviolável a liberdade de consciência e de crença, sendo assegurado o livre exercício dos cultos religiosos e garantida, na forma da lei, a proteção aos locais de culto e a suas liturgias;

VII - é assegurada, nos termos da lei, a prestação de assistência religiosa nas entidades civis e militares de internação coletiva;

VIII - ninguém será privado de direitos por motivo de crença religiosa ou de convicção filosófica ou política, salvo se as invocar para eximir-se de obrigação legal a todos imposta e recusar-se a cumprir prestação alternativa, fixada em lei;

No capítulo que concerne à organização político-administrativa do Estado brasileiro, é oficialmente estabelecida a laicidade do país, para a vigência desta Constituição:

Art. 19. É vedado à União, aos Estados, ao Distrito Federal e aos Municípios:

I - estabelecer cultos religiosos ou igrejas, subvencioná-los, embaraçar-lhes o funcionamento ou manter com eles ou seus representantes relações de dependência ou aliança, ressalvada, na forma da lei, a colaboração de interesse público;

Abre-se espaço para as alianças entre Estado e instituições religiosas, que sejam realizadas em prol do interesse público, como o assistencialismo religioso que, conforme já citado na Constituição de 1967, acaba por auxiliar o país naquilo em que o Estado não consegue atender aos seus cidadãos.

Trata-se de verdadeira aliança social. O problema em decorrência disso são as alianças políticas entre Estado e religião, que terminam por deixar o governo, de certa forma, "refém" dos interesses religiosos. É tema a ser tratado no capítulo destinado às bancadas evangélicas do Congresso Nacional.

A liberdade religiosa na Constituição de 1988 abrange ainda o serviço militar obrigatório, garantindo serviço alternativo a indivíduo que alegue imperativo de consciência, em virtude da religião por ele professada.

> Art. 143. O serviço militar é obrigatório nos termos da lei.
>
> § 1º Às Forças Armadas compete, na forma da lei, atribuir serviço alternativo aos que, em tempo de paz, após alistados, alegarem imperativo de consciência, entendendo-se como tal o decorrente de crença religiosa e de convicção filosófica ou política, para se eximirem de atividades de caráter essencialmente militar.

Ainda na Constituição de 1988, a respeito da educação básica e a despeito do estado laico, o ensino religioso é garantido nas escolas públicas, em seu horário normal de funcionamento:

> Art. 210. Serão fixados conteúdos mínimos para o ensino fundamental, de maneira a assegurar formação básica comum e respeito aos valores culturais e artísticos, nacionais e regionais.
>
> § 1º O ensino religioso, de matrícula facultativa, constituirá disciplina dos horários normais das escolas públicas de ensino fundamental.

Ainda que não se trate de disciplina obrigatória no currículo escolar, verifica-se que a sua ministração ocorrerá durante o horário normal de aulas, o que implica em momento de ócio às crianças que, por quaisquer motivos apresentados por seus pais ou responsáveis, não forem matriculadas nas aulas de ensino religioso.

Ou ainda, pode tal fato decorrer na (quase obrigatória) matrícula de criança cujos pais ou responsáveis não professem qualquer fé religiosa, com o fim de evitar que a mesma permaneça sem atividades escolares no período das aulas de ensino religioso, ou ainda, que sofra qualquer tipo de discriminação pelos demais colegas, em sua maioria, religiosos, tal como a maioria dos indivíduos do país.

Assim, analisa-se que o Brasil, apesar de oficialmente constituído como estado laico, é também oficialmente protegido por Deus, sendo, portanto, perigoso e até mesmo contraditório afirmar que a liberdade religiosa acarreta, automaticamente, em neutralidade do Estado em relação às religiões, ou mesmo na total liberdade para professá-las.

2. CONGRESSO NACIONAL

O Congresso Nacional, constituído de Câmara dos Deputados – representantes do povo (513 deputados) – e Senado Federal – representantes dos estados (81 senadores) –, segue basicamente o seguinte processo para elaboração das leis:

A iniciativa legislativa, ou seja, a faculdade de propor projetos, pode ser somente de uma ou das duas casas, dependendo da matéria, de acordo com previsão constitucional. É a chamada iniciativa comum, segundo Paulo Gustavo Gonet Branco (MENDES et al. 2009, p. 916). Branco ainda enumera, dentre as hipóteses de iniciativa legislativa, a iniciativa reservada (MENDES et al. 2009, p. 916-917), que diz respeito à possibilidade de proposição de leis apenas por algumas autoridades ou órgãos. Trata-se de hipótese taxativa da Constituição, não podendo ser ampliada a outros autores de projetos.

Também chamada de iniciativa privativa, pode advir de tribunais, como é o caso do Supremo Tribunal Federal, único órgão apto a propor lei sobre o Estatuto da Magistratura, por exemplo. Pode advir ainda do Ministério Público, o único autorizado a apresentar projeto de lei sobre extinção de seus cargos internos e planos de carreira. A iniciativa privativa também pode ser da própria Câmara dos Deputados ou Senado

Federal, no que diz respeito ao tema concernente à remuneração de seus servidores.

O Tribunal de Contas da União (TCU) também tem a prerrogativa da iniciativa privativa para proposição de lei sobre o seu funcionamento e organização administrativa, com o fim de manter a sua independência e idoneidade, como órgão fiscalizador.

A figura do presidente da República, tratando-se do maior representante do Poder Executivo no Brasil, também possui iniciativa privativa para propositura de leis, cujas hipóteses estão elencadas na Constituição.

Apesar de estar inserido em um sistema de governo presidencialista, em que o parlamento é devidamente independente do Poder Executivo, ainda assim são diversas as hipóteses de propositura de leis pelo presidente da República:

> O art. 61, § 1º, I e II, da Constituição elenca assuntos da iniciativa privativa do Presidente da República, que abrange leis que fixem ou modifiquem os efetivos das Forças Armadas; que disponham sobre criação de cargos, funções ou empregos públicos na Administração direta e autárquica ou aumento de sua remuneração; que versem sobre organização administrativa e judiciária, matéria tributária e orçamentária, serviços públicos e pessoal da administração dos Territórios; que cuidem dos servidores públicos da União e Territórios, seu regime jurídico, provimento de cargos, estabilidade e aposentadoria; que estabeleçam a organização do Ministério Público e da Defensoria Pública da União, bem como normas gerais para a organização do Ministério Público e da Defensoria Pública dos Estados, do Distrito Federal e dos Territórios; que fixem a criação e extinção de Ministérios e órgãos da Administração Pública, observado o disposto no art. 84, VI; que cogitem dos militares das Forças Armadas, seu regime jurídico, provimento de cargos, promoções, estabilidade, remuneração, reforma e transferência para a reserva.

Quis o constituinte que temas relacionados ao regime jurídico de servidores públicos, civis e militares, estivessem subordinados à iniciativa de lei reservada ao Presidente da República. Da mesma forma, deve ter origem no Executivo lei que dispõe sobre a existência de órgãos da Administração. Disposições normativas sobre organização e funcionamento da Administração Federal, que não impliquem aumento de despesa, passaram a ser objeto de decreto do Presidente da República.

Desse modo, leis de aumento de vencimentos ou de criação de vantagens somente podem resultar da iniciativa do Chefe do Executivo.

A Constituição, nos arts. 84, XXIII, e 165, reserva também ao Presidente da República a iniciativa de leis no âmbito orçamentário (plano plurianual, diretrizes orçamentárias e orçamentos anuais). Trata-se de iniciativa reservada e vinculada, já que a apresentação de proposta é obrigatória.

Matéria tributária não se insere no âmbito da iniciativa reservada do Presidente da República. O art. 61, § 1º, II, *b*, fala em matéria tributária, mas aquela relacionada aos Territórios apenas. A lei que concede benefício tributário, assim, não é da iniciativa reservada do Chefe do Executivo, não cabendo cogitar, aqui, de repercussão no orçamento dela decorrente, já que "a iniciativa reservada, por constituir matéria de direito estrito, não se presume e nem comporta interpretação ampliativa".

Configura usurpação de iniciativa reservada a lei surgida a partir de proposta parlamentar que, embora não discipline assunto sujeito à reserva de iniciativa do Chefe do Executivo, fixa um prazo para o exercício dessa iniciativa. (MENDES et al., 2009, p. 917-918)

Assim é que o autor Paulo Gustavo Gonet Branco define as hipóteses de iniciativa reservada ou privativa, para propositura de projetos de leis no Estado brasileiro. Além disso, a proposição de alguns projetos também pode se dar por iniciativa popular, conforme explicita José Afonso da Silva (2009, p. 526):

Aqui temos um instrumento de participação direta do cidadão nos atos de governo.

(...)

Aqui, no processo legislativo, é reconhecida a iniciativa popular, independentemente de regulamentação legal, porque o próprio texto constitucional (art. 61, § 2º) já estabelece os requisitos necessários e suficientes para o seu exercício imediato, que são: *projeto de lei subscrito por, no mínimo, um por cento do eleitorado nacional, distribuído pelo menos por cinco Estados, com não menos de três décimos por cento dos eleitores de cada um deles.*

Após a apresentação dos projetos (propositura), é iniciada a fase dos debates. Os debates acerca dos projetos de leis, antes de ir ao plenário das casas, ocorrem em comissões que podem ser permanentes, como a comissão de direitos humanos e a de família e previdência social; ou especiais, que são aquelas criadas com fins específicos e duração determinada. Existem as comissões da Câmara dos Deputados, do Senado e também as comissões mistas, que incluem membros de ambas as Casas.

Paulo Gustavo Gonet Branco esclarece, acerca das comissões do Congresso Nacional:

> Junto ao Congresso Nacional e às suas Casas, funcionam Comissões, permanentes ou temporárias, reguladas internamente pelo Legislativo. As Comissões são formadas de modo a espelhar o quadro de forças políticas existentes na Casa a que se vinculam. Essas Comissões formam uma interface da Casa Legislativa com entidades da sociedade civil, que podem ali ser ouvidas em audiências públicas. Estão legitimadas também – servindo, com isso, reclamações e queixas de qualquer pessoa, contra atos e omissões de autoridades e entidades públicas, podendo, ainda, tomar depoimentos de qualquer autoridade ou cidadão. (2009, p. 897)

Por vezes, há a realização de audiências públicas, em que são chamados a participar dos debates a sociedade civil e especialistas nas matérias tratadas. Quase sempre as entidades que representam as diretrizes religiosas também são convidadas a se manifestar, especialmente quando se trata de temas polêmicos, como o aborto.

São as comissões permanentes existentes atualmente na Câmara dos Deputados, conforme disposto no sítio eletrônico desta casa legislativa:

- Comissão de Agricultura, Pecuária, Abastecimento e Desenvolvimento Rural - CAPADR
- Comissão de Ciência e Tecnologia, Comunicação e Informática - CCTCI
- Comissão de Constituição e Justiça e de Cidadania - CCJC
- Comissão de Cultura - CCULT
- Comissão de Defesa do Consumidor - CDC
- Comissão de Defesa dos Direitos da Mulher – CMULHER
- Comissão de Defesa dos Direitos da Pessoa Idosa - CIDOSO
- Comissão de Defesa dos Direitos das Pessoas com Deficiência - CPD
- Comissão de Desenvolvimento Urbano - CDU
- Comissão de Desenvolvimento Econômico, Indústria, Comércio e Serviços - CDEICS
- Comissão de Direitos Humanos e Minorias - CDHM
- Comissão de Educação - CE
- Comissão do Esporte - CESPO
- Comissão de Finanças e Tributação - CFT
- Comissão de Fiscalização Financeira e Controle - CFFC
- Comissão de Integração Nacional, Desenvolvimento Regional e da Amazônia - CINDRA
- Comissão de Legislação Participativa - CLP
- Comissão de Meio Ambiente e Desenvolvimento Sustentável - CMADS
- Comissão de Minas e Energia - CME
- Comissão de Relações Exteriores e de Defesa Nacional - CREDN
- Comissão de Segurança Pública e Combate ao Crime Organizado - CSPCCO
- Comissão de Seguridade Social e Família - CSSF
- Comissão de Trabalho, de Administração e Serviço Público - CTASP
- Comissão de Turismo - CTUR
- Comissão de Viação e Transportes - CVT

Sobre as Comissões Mistas, assim é disposto no sítio eletrônico da Câmara dos Deputados:

> São criadas no âmbito do Congresso Nacional e integradas por Deputados(as) e Senadores(as), podendo ser Permanentes ou Temporárias. Têm regras de criação e funcionamento definidas no Regimento Comum, à semelhança do que ocorre com as demais Comissões de cada uma das Casas. Exemplos: a) Permanentes: Comissão Mista de Orçamento e Comissão Mista do Mercosul; b) Temporária: CPMI dos Correios, Comissão destinada à apreciação de Veto do Presidente da República a Projeto de Lei aprovado pelo Congresso Nacional, Comissão Mista de Apreciação das Medidas Provisórias etc.

E são elas:

> - Comissão Mista de Planos, Orçamentos Públicos e Fiscalização - CMO
> - Comissão Mista de Combate à Violência contra a Mulher - CMCVM
> - Comissão Mista Permanente sobre Mudanças Climáticas - CMMC
> - Representação Brasileira no Parlamento do Mercosul - CPCMS

Já em relação ao Senado Federal, as comissões permanentes são:

> CAE – Comissão de Assuntos Econômicos
> CAS – Comissão de Assuntos Sociais
> CCJ – Comissão de Constituição, Justiça e Cidadania
> CCT – Comissão de Ciência, Tecnologia, Inovação, Comunicação e Informática
> CDH – Comissão de Direitos Humanos e Legislação Participativa
> CDR – Comissão de Desenvolvimento Regional e Turismo
> CE – Comissão de Educação, Cultura e Esporte
> CI – Comissão de Serviços de Infraestrutura
> CMA – Comissão do Meio Ambiente, Defesa do Consumidor e Fiscalização e Controle
> CRA – Comissão de Agricultura e Reforma Agrária

CRE – Comissão de Relações Exteriores e Defesa Nacional
CSF – Comissão Senado do Futuro
CTG – Comissão de Transparência e Governança Pública

Após a fase de debates e pareceres nas comissões ou no plenário, o projeto vai à votação, que novamente pode ser entre membros de uma ou ambas as casas, dependendo da matéria e do tipo de lei (se complementar, se ordinária, ou mesmo, se emendas constitucionais). Após, cabe ao presidente sancionar ou vetar a lei aprovada, ou seja, em caso de sanção, a lei é promulgada e publicada, passando a valer no prazo nela previsto. Em caso de veto do presidente, a lei não é promulgada, retornando ao Congresso para nova votação, em que se acata ou se rejeita o veto presidencial. Caso o veto seja rejeitado pelo Congresso, a lei será ainda assim promulgada. Mas em caso de aceitação do veto presidencial, o projeto de lei é arquivado, tendo fim a sua tramitação.

O veto, que é irretratável, deve ser expresso e fundamentado na inconstitucionalidade do projeto (veto jurídico) ou na contrariedade ao interesse público (veto político). O Presidente da República dispõe de quinze dias úteis para apor o veto, comunicando em quarenta e oito horas ao Presidente do Senado os motivos que o levaram a essa deliberação.

O veto pode ser total, quando abarca todo o projeto, ou parcial, se atinge apenas partes do projeto. O veto parcial não pode recair apenas sobre palavras ou conjunto de palavras de uma unidade normativa. O veto parcial não pode deixar de incidir sobre o texto integral de artigo, parágrafo, inciso ou alínea. Busca-se prevenir, assim, a desfiguração do teor da norma, que poderia acontecer pela supressão de apenas algum de seus termos.

O veto não é absoluto. É dito *relativo*. Com isso se designa a possibilidade de o Congresso Nacional rejeitar o veto, mantendo o projeto que votou. A rejeição do veto acontece na sessão conjunta que deve ocorrer dentro de trinta dias da sua aposição comunicada ao Congresso. Exige-se maioria absoluta dos deputados e maioria absoluta dos senadores, em escrutínio secreto, para que o veto seja rejeitado.

O veto pode alcançar partes diversas do projeto de lei e o Congresso Nacional rejeitar apenas alguns desses vetos parciais. Não há impedimento a que haja a rejeição parcial de veto total.

Se o veto é mantido na sessão em que apreciado pelo Congresso, o projeto de lei é tido como rejeitado e arquivado. Como consequência, à vista do que estabelece o art. 67 da Constituição, não poderá constituir objeto de novo projeto na mesma sessão legislativa, a não ser mediante proposta da maioria absoluta dos membros de qualquer das Casas do Congresso. Conclui-se, então, o processo legislativo, e não será dado que, depois de mantido o veto, o Legislativo venha a reabrir o processo legislativo, sob o argumento de que o veto fora intempestivo.

Nem todos os instrumentos de atos normativos primários se submetem a sanção e veto. Não há veto ou sanção na emenda à Constituição, em decretos legislativos e em resoluções, nas leis delegadas e na lei resultante da conversão, sem alterações, de medida provisória.

Posterior à fase da sanção ou veto do projeto, ocorrem a promulgação e a publicação da lei decorrente do projeto. Tais atos já não fazem mais parte do processo legislativo, conforme Silva:

> A *promulgação* não passa de mera comunicação, aos destinatários da lei, de que esta foi criada com determinado conteúdo. Nesse sentido, pode-se dizer que é o meio de constatar a existência da lei; esta é perfeita antes de ser promulgada; a promulgação não faz a lei, mas os efeitos dela somente se produzem depois daquela. O ato de promulgação tem, assim, como conteúdo, a presunção de que a lei promulgada é válida, executória e potencialmente obrigatória. Mas, no nosso entender, para que a lei se considere efetivamente promulgada, é necessária a publicação do ato, para ciência aos seus destinatários; não do ato de promulgação simplesmente, e sim com o texto promulgado. A lei só se torna eficaz (isto é, em condição de produzir seus efeitos) com a *promulgação publicada*. A promulgação é obrigatória. Cabe ao Presidente da República, mesmo das leis decorrentes de veto rejeitado (art. 66, § 5º). Se ele não o fizer dentro de

> quarenta e oito horas, o Presidente do Senado o promulgará, e, se este não o fizer em igual prazo, caberá ao Vice-Presidente do Senado fazê-lo (art. 66, § 7º).
>
> A *publicação* da lei constitui instrumento pelo qual se transmite a promulgação (que concebemos como comunicação da feitura da lei e de seu conteúdo) aos destinatários da lei. A publicação é condição para a lei entrar em vigor e tornar-se eficaz. Realiza-se pela inserção da lei promulgada no jornal oficial. Quem a promulga deve determinar sua publicação. (2009, p. 528-529)

Ocorre que o Congresso tem a liberdade de propor quantos projetos desejar em relação às matérias tratadas. Assim, em muitos casos, projetos arquivados retomam a tramitação, ou mesmo são substituídos por novos projetos, sobre o mesmo tema.

Neste livro, nos capítulos destinados aos casos concretos, verificar-se-á a ocorrência, por diversas vezes, da atuação de parlamentares do Congresso Nacional de forma que poderão ser classificadas como retrocessos.

Em muitos casos, há a negativa de direitos básicos e garantias fundamentais a determinados grupos de indivíduos que, segundo a bancada religiosa do Poder Legislativo, não seriam merecedores de tais direitos, ou não estariam tais direitos a eles destinados, porquanto praticantes de atos, segundo aqueles, não permitidos nos textos bíblicos.

Porém, o Poder Legislativo é (ou deveria ser) vinculado aos direitos e garantias fundamentais dispostos na Constituição Federal, uma vez que esta é a lei maior, a carta que estabelece os princípios brasileiros. Sendo assim, defende Paulo Gustavo Gonet Branco:

> Um direito fundamental pode necessitar de normas infraconstitucionais que disciplinem o processo para a sua efetivação ou que definam a própria organização de que depende a sua efetividade (pense-se, v. g., no direito à ampla defesa). A inércia do legislador em satisfazer uma imposição de concretização do direito fundamental pode ensejar a ação direta de inconstitucionalidade por omissão ou o mandado de injunção.

> A vinculação do legislador aos direitos fundamentais significa, também, que, mesmo quando a Constituição entrega ao legislador a tarefa de restringir certos direitos (p. ex., o de livre exercício de profissão), há de se respeitar o núcleo essencial do direito, não se legitimando a criação de condições desarrazoadas ou que tornem impraticável o direito previsto pelo constituinte. Nesse sentido, o STF já declarou a inconstitucionalidade de limitação, por desarrazoada, de um período de quarentena de dois anos, a que certa lei submetia os juízes aposentados, antes de passarem a exercer a advocacia.
>
> Aspecto polêmico referido à vinculação do legislador aos direitos fundamentais diz com a chamada *proibição de retrocesso*. Quem admite tal vedação sustenta que, no que pertine a direitos fundamentais que dependem de desenvolvimento legislativo para se concretizar, uma vez obtido certo grau de sua realização, legislação posterior não pode reverter as conquistas obtidas. A realização do direito pelo legislador constituiria, ela própria, uma barreira para que a proteção atingida seja desfeita sem compensações. (2009, p. 279-280).

Assim, ainda que atualmente a religião interfira fortemente na política – mais precisamente no Poder Legislativo, cuja prática será adiante demonstrada – há que se discutir os limites de atuação deste poder.

Ainda que a vinculação do Poder Legislativo não seja o entendimento da maioria dos autores, é assunto sério a ser tratado, uma vez que os parlamentares nada mais são que os representantes do povo que os elegeu. Dessa forma, é necessário chamar à baila essa questão, tendo em vista que, constantemente, direitos e garantias fundamentais são colocados em risco, em nome de interesses quase pessoais dos legisladores, se for levado em conta que religião e religiosidade são assuntos íntimos e devem estar adstritos à esfera pessoal dos indivíduos, não podendo ser colocados sobre os direitos de toda a sociedade.

2.1. BANCADAS DO CONGRESSO: GRUPOS DE PRESSÃO

O Congresso Nacional pode ser dividido em diversas bancadas, que representam os principais interesses dos congressistas. Estes se unem em grupos a cada legislatura, com o fim de garantir a defesa de seus interesses durante os mandatos.

Segundo estudo realizado pela *Pública* – Agência de reportagem e jornalismo investigativo, em fevereiro de 2016, na Câmara dos Deputados, as bancadas mais atuantes são as seguintes: "evangélica", "agropecuária", "da bala", "sindical", "direitos humanos", "mineração", "empresarial", "parentes", "saúde", "da bola", "empreiteiras e construtoras".

A chamada "bancada da bala" comumente atua junto à bancada evangélica. Juntos, os deputados dessas bancadas constituem os chamados "parlamentares da Bíblia", tendo em vista seus interesses em comum. Apesar de ser chamada de bancada da bala, em referência à munição de arma de fogo – eis que as campanhas destes parlamentares seriam financiadas por este tipo de indústria – representam os deputados mais conservadores da Câmara, ao lado dos parlamentares da bancada evangélica.

As jornalistas Medeiros e Fonseca (2016) realizaram entrevistas na Câmara dos Deputados a esse respeito. Segue trecho da reportagem:

> Conhecido por ostentar um impecável uniforme militar pelos corredores e plenários da Câmara, o PM e deputado federal Capitão Augusto fala com bom humor do epíteto recebido pelo grupo. "Acabou que esse termo, que tinha um sentido pejorativo, se popularizou e com viés até contrário, demonstrando que a bancada da bala está, sim, compromissada com a questão da segurança, com o endurecimento da legislação penal, do Estatuto da Criança e do Adolescente, e por aí vai. Hoje, já não nos incomoda mais esse termo 'bancada da bala',

mas nós somos, na verdade, da bancada da vida. O que a gente defende é a vida, principalmente do cidadão de bem", disse. A relação entre a turma que em parte defende a linha do "bandido bom é bandido morto" e a Frente Parlamentar Evangélica é um bom exemplo da força da articulação de grupos conservadores. "As frentes de segurança pública e a evangélica correm juntas aqui. Nós temos os mesmos valores. A gente se ajuda realmente, não integramos [a frente evangélica, da qual Augusto também faz parte] apenas com o nome, para constar, mas para efetivamente ajudar em todos os projetos que eles estão apoiando", reconhece o PM. Ele rechaça a ideia de os pontos que unem os dois grupos sejam de um conservadorismo extremista. "Preservamos a questão da família, da moral, da ética, da honestidade. Não tem como ser radical nesses valores – ou você tem, ou você não tem. Ou você é honesto, é um cidadão de bem, ou você não é."

As bancadas costumam ter mais força que os próprios partidos políticos e os parlamentares seguem as instruções de seus grupos nas principais votações realizadas no Congresso Nacional. O grupos de pressão, totalmente institucionalizados no parlamento brasileiro, acabam por definir a legislação em relação a diversos temas importantes à sociedade, bem como por pautar as discussões atuais sobre os mais variados e polêmicos assuntos.

Paulo Bonavides defende a ideia de que o indivíduo está sempre inserido em grupos, dos quais ele retira parte de suas próprias vontades, que funcionam de forma muito mais coletiva que individual:

> A democracia social não exprime a vontade do homem empiricamente insulado, mas referido sempre a uma agregação humana, a cujos interesses se vinculou. Esses interesses, parcialmente coletivos e em busca de representação, servem-se na democracia pluralista do Ocidente de dois canais para chegarem até ao Estado: os partidos políticos e os grupos de pressão.

Os grupos de pressão, segundo J. H. Kaiser, são organizações da esfera intermediária entre o indivíduo e o Estado, nas quais um interesse se incorporou e se tornou politicamente relevante. Ou são grupos que procuram fazer com que as decisões dos poderes públicos sejam conformes com os interesses e as ideias de uma determinada categoria social.

(...)

A ancianidade dos grupos de pressão é proclamada por Burdeau que não trepida em afirmar que sempre existiram e sempre pressionaram os governos, com a diferença de que ontem eram exteriores ao poder, "parasitas" ou "clientes" e "hoje são o próprio poder" ou "o modo natural de expressão da vontade do povo real". De último, "os grupos não exploram o poder, mas o exercem", são "poderes de fato".

(...)

Hoje a importância dos grupos tomou tal dimensão que não viu nenhum exagero em afirmar que são parte da Constituição viva ou da Constituição material tanto quanto os partidos políticos e independente de toda institucionalização ou reconhecimento formal nos textos jurídicos. (2016, p. 460-462)

Segundo o autor, os grupos de pressão possuem alto grau de organização, funcionando como verdadeiras empresas nos Estados Unidos, especializadas em *lobby*. (BENEVIDES, 2016, p. 466).A forma de atuação dos grupos de pressão geralmente envolve a imprensa e os meios e comunicação:

Dobrar a opinião e em casos mais agudos dar no público uma lavagem cerebral se consegue mediante o emprego dos instrumentos de comunicação de massas. O grupo mobiliza rádio, imprensa e televisão e por meios declarados ou sutis exterioriza a propaganda de seus objetivos, quer pela publicidade remunerada, quer pela obtenção da condescendência e simpatia dos que dominam aqueles meios. Produzido o clima de apoio, ao grupo se lhe depara a autoridade pública já favoravelmente predisposta aos seus interesses. (BENEVIDES, 2016, p. 467).

Porém, no Brasil, o grupo e a autoridade pública são a mesma "pessoa", uma vez institucionalizados os grupos de pressão em forma de bancadas as mais diversas.

A Igreja Católica, bem como as maiores igrejas evangélicas do Brasil, possuem, há anos, não somente espaços, mas canais de televisão, compram espaço em outras redes, além de emissoras de rádio, jornais impressos e sítios eletrônicos, por meio dos quais, além de angariar fiéis, ainda fazem a propaganda de seus objetivos, muitos deles políticos.

Assim, arrebanham a simpatia do público em geral, e não apenas de seus fiéis, que não são poucos, para que integrem a luta por seus ideais, engrossando o coro em prol da aplicação da Bíblia no Congresso Nacional, tal qual uma das leis ali prolatadas. Em pesquisa realizada sobre as televisões da Amazônia, Elvira Lobato (2016) constatou que, apenas ali, dentre todo o território brasileiro, havia a disponibilização de pelo menos 174 canais católicos e 97 evangélicos.

Além desse número impressionante de canais cristãos de televisão, concedidos pelo governo ao longo dos anos 1990, há ainda os canais religiosos que funcionam ilegalmente, mas difundindo o conteúdo religioso livremente, da mesma forma que os demais:

> O mapeamento reflete apenas os canais que estão formalmente vinculados a denominações religiosas. Segundo os profissionais de radiodifusão, o número real seria bem maior, pelo fato de existirem muitos canais em mãos de evangélicos por meio de contratos de arrendamento ou adquiridos sem registro em cartório. Como a legislação só admite a venda de emissoras com prévia autorização do governo e do Congresso Nacional – processo que pode durar vários anos –, as vendas são feitas por documentos particulares, os "contratos de gaveta". (LOBATO, 2016)

A reportagem ainda demonstra que a Igreja Católica, apesar de possuir menos representantes diretos no Congresso

Nacional, possui o maior poderio em relação à teledifusão no Brasil, com pelo menos três emissoras de alcance nacional:

> A Igreja Católica tem três emissoras com cobertura nacional – Rede Vida, TV Aparecida e Canção Nova –, além de emissoras regionais e locais que competem entre si. A de maior força dentro da Amazônia Legal é a TV Nazaré, mantida pela diocese de Belém do Pará. A emissora, regional, possui 76 canais autorizados a entrar em funcionamento e está presente em nove Estados.
> A primeira rede católica de alcance nacional foi a Rede Vida. Ela nasceu em 1995, em resposta ao avanço evangélico. Não pertence oficialmente à igreja, mas ao empresário João Monteiro Barros Filho, de São José do Rio Preto, em São Paulo, que obteve a concessão no governo do ex-presidente José Sarney. Graças à influência da CNBB, a Conferência Nacional dos Bispos do Brasil, a Rede Vida obteve outorgas de retransmissão em todo o país.
> (...)
> Surgida em 1998, a TV Canção Nova se tornou a segunda emissora nacional católica. Ela pertence ao Movimento da Renovação Carismática, possui 16 retransmissoras na Amazônia Legal e está presente nas capitais de seis Estados. (LOBATO, 2016)

Em relação aos canais evangélicos, estes ganham cada vez mais público, sendo largamente difundidos, a exemplo dos canais católicos:

> O pastor RR Soares, fundador e líder máximo da Igreja Internacional da Graça de Deus, detém 23 retransmissoras de TV na Amazônia Legal por intermédio da Televisão Cidade Modelo. Os canais cobrem as capitais de Tocantins, Amazonas, Amapá, Rondônia, além da capital e parte do interior de Mato Grosso, Pará e Maranhão. (LOBATO, 2016)

Embora a denominação Adventista do Sétimo Dia não costume ser enquadrada como evangélica, esta igreja também segue o mesmo caminho que as anteriores em relação à sua divulgação por meio da mídia:

O rápido avanço da Igreja Adventista do Sétimo Dia na disputa por espaços na radiodifusão tem levantado questionamentos sobre seus métodos de obtenção de retransmissoras de TV, dentro e fora da Amazônia Legal. A igreja, cuja origem nos Estados Unidos remonta ao século 19, possui uma concessão de televisão educativa, a Rede Novo Tempo, na cidade paulista de Pindamonhangaba. A outorga foi autorizada por Fernando Henrique Cardoso em 2000.

(...)

Fundação Setorial ingressou com centenas de pedidos de outorgas de retransmissão de TV no ministério. Os processos começaram a chegar ao conhecimento público no final de 2014, quando uma força-tarefa do ministério agilizou a análise dos pedidos para a Bahia. A fundação levou 89 do total de 267 canais outorgados para o Estado.

A rápida expansão da Rede Novo Tempo gerou reação no Congresso Nacional. No dia 15 de dezembro de 2014, o então deputado federal Ruy Carneiro, presidente do diretório estadual do PSDB na Paraíba, apresentou à Câmara um requerimento pedindo explicações ao Ministério das Comunicações sobre "possíveis irregularidades" na concessão de canais de retransmissão à Fundação Setorial.

O requerimento alega que a fundação desbancou as maiores redes nacionais, incluindo Globo, Record, Bandeirantes e Rede TV, que disputavam os mesmos canais. Diz ainda que haveria "fortes indícios" de tratamento privilegiado à entidade. (LOBATO, 2016)

Questiona-se a concessão de canais de televisão e rádio pelos governos a igrejas e demais denominações religiosas, uma vez que a Constituição veda ao estado o favorecimento a religiões, e ainda, a subvenção a qualquer uma delas.

Em texto para o *Observatório de Imprensa,* Venício A. de Lima (2010) afirma trata-se de proselitismo religioso:

Apesar de estar escrito no Preâmbulo da Constituição de 1988 que ela foi promulgada 'sob a proteção de Deus', o inciso I do artigo 19 é claro:

Artigo 19. É vedado à União, aos Estados, ao Distrito Federal e aos Municípios:
I – estabelecer cultos religiosos ou igrejas, subvencioná-los, embaraçar-lhes o funcionamento ou manter com eles ou seus representantes relações de dependência ou aliança, ressalvada, na forma da lei, a colaboração de interesse público.

Somos, portanto, um Estado laico. Na sua origem latina a palavra significa **leigo, secular, neutro**, por oposição a **eclesiástico, religioso**. Exatamente por isso a alínea b, do inciso VI do artigo 150, proíbe a tributação sobre 'templos de qualquer culto' para não 'embaraçar-lhes o funcionamento' do ponto de vista financeiro.

É de conhecimento público, todavia, o grande número de programas religiosos que é transmitido por emissoras de TV abertas e também as várias redes, tanto de rádio como de televisão, cujas entidades concessionárias são igrejas. Ademais, existe um grande número de retransmissoras (RTVs) que são controladas diretamente por igrejas.

Uma concessão pública que, por definição, deve estar 'a serviço' de toda a população pode continuar a atender interesses particulares de qualquer natureza – inclusive ou, sobretudo, religiosos? Ou, de forma mais direta: se a radiodifusão é um serviço público cuja exploração é concedida pelo Estado (laico), pode esse serviço ser utilizado para proselitismo religioso?

Assim, com o apoio da mídia (e do próprio governo, que é quem autoriza as concessões), o *lobby* religioso avançou e continua avançando no Congresso Nacional, tendo conquistado espaço dentro da casa legislativa. Tal fato é claramente percebido pela presença da bancada evangélica.

No Congresso Nacional tradicionalmente existe uma bancada cristã, tendo em vista o tratar o Brasil ser, por quase toda a sua existência, um país com forte população católica.

Conforme já citado, durante a colonização, a única religião permitida era a católica. Assim, ainda que após a Constituição de 1890 não houvesse religião oficial, o catolicismo já era bastante forte no Brasil, perdurando até os dias atuais.

Ronaldo Sathler-Rosa (2014, p. 8-9) aduz sobre as religiões e a sociedade:

> As religiões, geralmente, adotam princípios balizadores da conduta existencial de seus seguidores aplicáveis às múltiplas dimensões pessoais, sociais e culturais. Embasados nesses postulados, os adeptos de determinada fé religiosa os consideram, em sentido amplo, os mais apropriados para orientar a vida em sociedade. Essa posição, no entanto, esbarra não apenas na diversidade cultural e religiosa, como também na exigência de inclusão de outros campos do saber para pensar a organização e a gestão das sociedades.
>
> Isoladamente, as tradições religiosas – mesmo reconhecendo-se sua importância e os valores por elas enunciados – não traduzem a complexidade dos conhecimentos científicos na contemporaneidade e não portam as necessárias ferramentas para estabelecer legislações e normas de existência em sociedade. Além disso, não compete às religiões, ao cristianismo especialmente, dirigir os processos sociais e deles apropriar-se. Entretanto, é inevitável que cristãos e seguidores de outras religiões, na condição de cidadãos, envolvam-se em assuntos e decisões de domínio público, que afetam a existência pessoal, familiar e social. É natural que queiram exercer alguma influência em seus encaminhamentos, e na busca de soluções. Obviamente, 'exercer influência' difere de 'impor'. Seguidores das religiões são, portanto, devedores de dupla lealdade: ao Estado, como cidadãos, e à sua fé religiosa, como opção existencial. Estabelecer as distinções e manter a tensão entre essa "dupla cidadania" é tarefa que se impõe.

Antes mesmo da chegada dos evangélicos no Congresso Nacional, os católicos já formavam grupos de pressão em relação a temas de seu interesse e relevância (LOPES e VITAL DA CUNHA, 2012, p. 37-39):

> Os católicos que até a Constituinte e, sobretudo, a partir da década de 1990 com a organicidade da Frente Parlamentar Evangélica, atuavam, preferencialmente por meio de "lobby"

e de acesso privilegiado de religiosos da CNBB ao governo e aos políticos das legislaturas em vigor, passaram à prática da: *"pressão direta (...) sobre parlamentares e dirigentes políticos, da realização de parcerias com os poderes públicos, da vocalização e da publicização de seus valores religiosos e de suas bandeiras políticas na mídia e em sua vasta rede religiosa (...)*

Os católicos começaram a se organizar em frentes parlamentares. Atualmente, eles se concentram em torno de três núcleos: i) a Frente Parlamentar Mista Permanente em Defesa da Família, com 22 parlamentares nesta legislatura, sendo seu presidente o Senador Magno Malta, seu coordenador e deputado federal Anthony Garotinho, tendo em sua composição parlamentares, tanto da FPE quanto da PPC; ii) a Frente Parlamentar Mista em Defesa da Vida e contra o Aborto, com 192 parlamentares e composta, majoritariamente, por católicos e evangélicos; iii) e a Pastoral Parlamentar Católica, que foi formada em 1997 e possui 22 parlamentares (20 deputados federais e 2 senadores).

Muitos desses políticos e religiosos se reúnem semanalmente na missa que ocorre na capela da Câmara dos Deputados e/ou naquela que ocorre mensalmente na sede da CNBB em Brasília.

Porém, apesar de se tratar de forte bancada parlamentar, após a chegada dos evangélicos e sua tomada de espaço com as políticas sociais esquerdistas dos anos 2000, os cristãos em geral resolveram se unir em prol de seus ideais bíblicos no Congresso, lutando juntos contra o aborto, a criminalização da homofobia e outros temas de seu interesse comum.

Apesar de pequena, a bancada dos direitos humanos, atualmente contando com 24 deputados, defende fortemente os seus ideais, e quando estes coincidem com o texto da Bíblia, podem inclusive receber o apoio de deputados religiosos:

Exercendo o primeiro mandato na Câmara, o paraense Edmilson Rodrigues (Psol) travou diversos embates com a bancada ruralista na comissão especial que analisou a PEC 215. Mesmo conhecendo de perto o radicalismo de boa parte de seus integrantes, entretanto, mantém a esperança no poder do convencimento. "Por mais que haja uma ação às vezes muito truculenta por alguns representantes, particularmente do agronegócio, do latifúndio, mesmo entre eles há pessoas com capacidade de diálogo. Eu sou um otimista." Ele conta que em determinada votação sobre direitos das crianças se surpreendeu com a atitude de um deputado que é pastor. "Ele estava ao meu lado. Pegou a Bíblia e me citou um versículo para fundamentar uma posição favorável à minha e contrária à quase totalidade da bancada evangélica, mesmo que em outras situações ele seja obediente à linha geral da bancada." (MEDEIROS e FONSECA, 2016).

Já a bancada evangélica, foco do presente trabalho, é uma das mais fortes da Câmara dos Deputados, possuindo atualmente 196 membros (MEDEIROS e FONSECA, 2016), sendo constantemente frequentada por deputados das demais religiões, inclusive a católica, tendo em vista os diversos interesses em comum.

2.2. BANCADA EVANGÉLICA

Um dos motivos do crescimento da bancada evangélica parlamentar foi o emparelhamento com a dita esquerda brasileira, extremamente presente no governo nos anos 2000, ganhando espaço já no primeiro mandato do presidente Luis Inácio Lula da Silva, iniciado em 2003. Conforme o cientista social Jean-Paul Willaime:

> Na América Latina, as teologias da libertação representam, como vimos, uma orientação religiosa que, partindo de uma opção preferencial pelos pobres, veiculam um questionamento das estruturas sócio-políticas. (2012, p. 122-123)

Dessa forma, os evangélicos adentraram de vez o campo político, bem como o governo de centro-esquerda do PT, ambos aparentemente focados nas políticas sociais, como forma de modificação dos governos anteriores, sendo que os evangélicos defendiam e defendem tais mudanças por meio da Bíblia.

De acordo com Paul Freston (2006), em 1998 houve um marco na bancada evangélica brasileira, tendo sido eleitos ao menos 36 deputados federais. A partir daí, a representatividade dos evangélicos em Brasília aumentou a cada eleição.

> Um dos motivos da esquerdização da política evangélica é o contato com a realidade social. Dizia-se que as igrejas históricas haviam chegado ao Brasil com projetos sociais, que ao longo dos anos foram perdendo o fôlego ou se secularizando, e que os pentecostais haviam surgido e crescido mas praticamente sem projetos sociais. Já não se pode dizer o mesmo. Nos últimos anos, quase todas as igrejas entraram em peso na área social, embora em alguns casos esse esforço seja mais consciente do que em outros.
>
> (...)
>
> Em contrapartida, o que chamo de esquerdização dos evangélicos pode ser também, em parte, algo interesseiro. É possível mudar de posição por interesses particulares e institucionais. Certos grupos evangélicos talvez estejam mais abertos hoje para a esquerda porque não ganharam tudo que queriam com a direita, ou porque querem, a qualquer custo, estar perto do poder. (2006, p. 119-120)

Já em 2002, apenas uma eleição depois, o número de evangélicos eleitos para o Congresso Nacional praticamente dobra, passando para 60. Naquela época, Freston analisou:

> A Assembleia de Deus se organizou muito mais do que em eleições anteriores, em franca imitação da Universal. Aumentou para 16 congressistas. A Universal também aumentou, mas ficou aquém do que esperava. A grande novidade da Universal em 2002 foi ter elegido seu primeiro senador. Os mais de 3 milhões de votos de Marcelo Crivella obviamente incluíram muitos de evangélicos de outras igrejas e de não-evangélicos. Crivella foi a escolha perfeita para ser o primeiro político da IURD num cargo para o qual os votos dos membros da igreja não bastam. Ele representa a face mais socialmente respeitável da Universal, e seu trabalho social foi importante na conquista dessa respeitabilidade. É necessário ter um papel social

ousado para conseguir uma aceitação política maior: esta é a lição que a IURD aprendeu quando fundou a Associação Beneficente Cristã e, mais tarde, a Fazenda Canaã. Outros grupos evangélicos que almejem um papel político maior do que a simples eleição de deputados "despachantes de igreja" deverão seguir o mesmo caminho. É um sinal positivo: o próprio sistema político está obrigando a política evangélica a se tornar menos interesseira e mais voltada para o bem-estar da população. (FRESTON, 2006, P. 126-127).

Ainda que tenham realizado a sua entrada no Congresso por meio da divulgação de políticas sociais e até mesmo a associação com parte da esquerda brasileira, atualmente uma das maiores oposições aos governos do PT é feita pela bancada evangélica e outros deputados de interesses parecidos, os ditos conservadores, como a "bancada da bala".

Seguindo a tendência já iniciada pelos católicos e demais religiosos, os evangélicos não somente permaneceram incutindo religião em sua política, a contragosto dos chamados progressistas, como também fizeram do espaço público brasileiro a sua segunda casa, a sua segunda igreja.

Tatiane dos Santos Duarte, em dissertação antropológica acerca da Frente Parlamentar Evangélica (FPE), descreveu minuciosamente essa fusão religião/política realizada por alguns deputados na Câmara. Vejamos:

> De fato, lá estava eu, num culto, no espaço máximo da República Federativa brasileira, tomado de conclamações, glórias, aleluias e muitos aplausos a Jesus. Naquele espaço e tempo, o Plenário 13 era uma Igreja, um espaço sagrado. Religioso, laico; laico e religioso soavam como pêndulos em minha cabeça de pesquisadora. Como assim culto no legislativo? Naquele momento religião e laicidade não pareciam água e óleo, mas sim leite e mel. Continuei a observar a cena. Olhava cada pessoa, cada detalhe minúsculo, cada gesto, intenção, palavras. De fato, eram aqueles cultos o meu "achado etnográfico": o legislativo brasileiro abarcava não apenas a

instauração de uma FPE, mas também a transformação do espaço de feitura de leis num espaço de invocação do religioso e de sacralização da política. (2011, P. 42)

A Constituição Federal de 1988 garante o direito à liberdade de culto religioso. Porém, os cultos no Congresso costumam ocorrer durante o expediente de trabalho, período em que os deputados e senadores deveriam trabalhar para o povo, que os elegeu, em tese, para a defesa dos interesses do mesmo povo, e não da igreja.

Duarte também observa que, nesses espaços "menores" da Câmara e do Senado, onde ocorrem os debates das comissões (e os cultos religiosos), é que se decidem diversos assuntos:

> De fato, considero que não são nos Plenários da *Casa*, comumente visibilizados pela escrita jornalística e pelas transmissões televisivas, mas no subterrâneo escondido de nossos olhos onde nossas vidas são legisladas com afinco. De acordo com o "Senso comum" da *Casa*, o ambiente das comissões é "mais democrático" do que o Plenário, por diversos motivos. Primeiro por que é livre o acesso às salas das Comissões, não tendo quaisquer medidas restritivas: todos os pertences dos cidadãos são guardados numa chapelaria, depois há duas revistas: a primeira feita por uma máquina detectora de metais de grande porte e outra feita por um segurança portando uma máquina detectora de metais manual.
>
> Do mesmo modo, para os funcionários da Casa são as salas das Comissões o ambiente de primazia dos debates acalorados, dos posicionamentos polarizados, das discussões sobre as demandas diferenciadas (entre deputados e entre estes e entidades, movimentos sociais e sociedade civil) justamente por que é mais acessível. Logo, "quando as propostas chegam ao plenário as oposições já não estão tão fortes", afirma a secretária geral de uma das comissões da Casa. Já no Plenário há o "espetáculo" da política visibilizado pelos holofotes da TV Câmara. (DUARTE, 2011, p. 47).

Assim, o *lobby* cristão e, mais precisamente, o evangélico dentro do Congresso Nacional faz toda a diferença na aprovação e rejeição de projetos de lei; além de contarem com grande número de adeptos, formam tradicionalmente um grupo de pressão, contra o qual nem sempre se consegue lutar.

Remetendo ao já aqui citado Padre Antônio Vieira, alguns representantes da bancada evangélica poderiam perfeitamente ser enquadrados como defensores do providencialismo divino. Ou seja, a Providência divina os teria destinado à missão de "salvar o Brasil", por meio de suas legislaturas, sendo, então, verdadeiros "escolhidos" por Deus entre tantos homens.

Sobre a religião como uma forma de angariar votos, Freston nos informa que:

> Os profetas bíblicos são um desafio à nossa maneira de votar. Os critérios do reino de Deus devem prevalecer sobre outros interesses. Sabemos, porém, que em algumas igrejas evangélicas manda-se votar em candidatos governistas em obediência ao ensinamento bíblico: "Aquele que se opõe à autoridade, resiste à ordenação de Deus" (Rm 13.2). Mesmo membros de outras igrejas às vezes sofrem de uma consciência intranquila quando pensam em votar em um candidato da oposição. (2006, p. 77)

Dessa maneira, a missão dos parlamentares evangélicos compreenderia a aplicação de suas interpretações bíblicas às matérias tratadas no Congresso Nacional, sendo ali colocados especialmente por seus fiéis, que acreditam em seus pastores, muitas vezes candidatos políticos.

A bancada evangélica brasileira atraiu a atenção internacional, tanto de evangélicos de países diversos, como de não religiosos que discordam de sua forma de atuação na política, servindo de exemplo aos evangélicos de fora pela sua atuação como grupo de pressão no Brasil:

> A nova realidade do país seria de interesse global. O tamanho da comunidade evangélica e a existência de uma esquerda evangélica articulada significavam que a atuação evangélica

> também despertaria interesse de cristãos em outros países. Para a comunidade evangélica do Terceiro Mundo, os evangélicos brasileiros teriam a responsabilidade de ser pioneiros, mostrando a possibilidade de mudanças sociais substanciais em países pobres, com o apoio da igreja. Para os cristãos do Primeiro Mundo, principalmente dos Estados Unidos, os evangélicos brasileiros poderiam ter um papel importante como grupo de pressão transnacional em favor de políticas internacionais que ajudassem a transformação brasileira. (FRESTON, 2006, p. 128).

Assim, tem-se que a bancada evangélica conquistou seu espaço no Congresso Nacional em relativamente pouco tempo, mostrando-se cada vez mais fortalecida em seu modo de fazer política no Brasil, agradando a muitos, preocupando a outros tantos.

3. CASOS PONTUAIS

Neste capítulo serão apresentados alguns casos de projetos de leis direcionadas à proteção e liberdade de determinados grupos, como a da comunidade LGBTQI e as mulheres, que foram diretamente influenciados pela pressão religiosa no Congresso Nacional, resultando em arquivamento de alguns projetos, procrastinação de outros ou sua modificação plena, bem como a não elaboração das leis.

De outro lado, há os projetos apresentados pelos legisladores componentes da bancada religiosa, em sua maioria evangélicos, com base exclusivamente na sua interpretação da Bíblia, em que visam impedir tais grupos de evoluir em seus direitos, ou apenas tumultuar os projetos já existentes, em favor destes grupos. São casos meramente exemplificativos, que não esgotam, de maneira alguma, os temas mencionados. E ainda há que se informar da existência de inúmeros projetos baseados em religião, aqui não tratados devido à irrelevância de sua aplicação na sociedade.

Cumpre advertir que casos polêmicos não solucionados ainda pelo Congresso Nacional, como o aborto, tendem a se arrastar por mais alguns anos, tendo em vista a constante movimentação na política atual brasileira. A exemplo do aborto de anencéfalo e das células-tronco, o crime de homofobia foi recentemente tipificado pelo STF, em virtude da inércia do poder legislativo.

3.1. CÉLULAS-TRONCO

Em 2005, foi publicada no Brasil a Lei nº 11.105, comumente chamada Lei da Biossegurança. Esta lei passou a permitir e regulamentar pesquisas científicas com as denominadas "células-tronco embrionárias", ou seja, *"células de embrião que apresentam a capacidade de se transformar em células de qualquer tecido de um organismo."*

Em seu artigo 5º, são listadas as hipóteses em que é permitido o uso de embriões:

> Art. 5º É permitida, para fins de pesquisa e terapia, a utilização de células-tronco embrionárias obtidas de embriões humanos produzidos por fertilização **in vitro** e não utilizados no respectivo procedimento, atendidas as seguintes condições:
>
> I – sejam embriões inviáveis; ou
>
> II – sejam embriões congelados há 3 (três) anos ou mais, na data da publicação desta Lei, ou que, já congelados na data da publicação desta Lei, depois de completarem 3 (três) anos, contados a partir da data de congelamento.
>
> § 1º Em qualquer caso, é necessário o consentimento dos genitores.
>
> § 2º Instituições de pesquisa e serviços de saúde que realizem pesquisa ou terapia com células-tronco embrionárias humanas deverão submeter seus projetos à apreciação e aprovação dos respectivos comitês de ética em pesquisa.
>
> § 3º É vedada a comercialização do material biológico a que se refere este artigo e sua prática implica o crime tipificado no art. 15 da Lei nº 9.434, de 4 de fevereiro de 1997.

No mesmo ano de publicação da lei, e simultaneamente à tramitação da ADI 3.510 no STF, o deputado evangélico Takayama apresentou o projeto de lei n. 5.134 para alteração da mesma, requerendo que a utilização e pesquisa com embriões humanos torne-se crime inafiançável. Na justificação ao projeto, o deputado coloca algumas frases de teor religioso:

A aprovação da Lei de Biossegurança (Projeto de Lei 2401/2003) pelo plenário da Câmara dos Deputados, em 2 de março de 2005, foi precedida de inúmeros discursos em favor da "ciência" e contra o "fundamentalismo" moral e religioso, que serve apenas para entravar o progresso. Aos deficientes físicos trazidos para a sessão legislativa foi oferecida a "esperança" de que, no futuro, as pesquisas feitas com a destruição de embriões humanos poderão trazer a cura de suas doenças.

A vitória da "ciência" contra as "trevas" da religião foi comemorada com uma emoção que chegou até às lágrimas. Finalmente os cientistas, libertos de preconceitos morais, poderão fazer progredir a

Medicina.

Alguém poderia dizer que os eventuais sucessos de tais pesquisas não podem ser obtidos à custa do extermínio de 30 milhões de seres

humanos congelados.

(...)

Alterando o art. 5º da Nova Lei de Biossegurança, exatamente aquele que permitiu, no primeiro momento, o genocídio dos inocentes, o Projeto torna crime inafiançável a pesquisa que se tentou autorizar.

O projeto continua em tramitação na Câmara dos Deputados. O Supremo Tribunal Federal foi incumbido de julgar a constitucionalidade da referida lei, sob as alegações de que o embrião humano mereceria proteção estatal, posto que forma de vida.

No julgamento da Ação Direta de Inconstitucionalidade nº 3.510, o STF decidiu que o "embrião pré-implanto" é antes um bem que uma pessoa, devendo ser tutelado pela referida lei, considerada constitucional. Fez-se necessário o esclarecimento de que as pesquisas com embriões não constituem prática de aborto, uma vez que não há gestação, por se tratar de experimentos *in vitro*. O STF pautou-se ainda na chamada liberdade de expressão científica. Ademais, o material a ser utilizado é aquele que se encontra em vias de descarte, não seriam sequer aproveitados para tentativa de fecundação.

A CNBB, bem como os movimentos "pró-vida" e autoridades científicas, foram chamados a participar do processo, bem como foi realizada audiência pública prejulgamento. Para a corrente religiosa, até mesmo na concepção laboratorial existe forma de vida e a utilização dos embriões que não para a fecundação tratar-se-ia de aborto. Conforme o relatório do Min. Ayres Britto: *"Uma pessoa no seu estádio de embrião, portanto, e não um embrião a caminho de ser pessoa."* (ADI 3.510, p. 7).

A lei foi julgada constitucional, já tendo passado dos dez anos de vigência, prevalecendo até os dias atuais, porém sem cessar os questionamentos religiosos acerca do assunto.

3.2. HOMOSSEXUAIS

3.2.1. ESTATUTO DA FAMÍLIA E ADOÇÃO

Outro projeto polêmico, ainda em tramitação na Câmara dos Deputados, é o PL 6.583/2013, que dispõe sobre o "Estatuto da Família". Seu texto dispõe:

PROJETO DE LEI Nº 6.583/2013
(Do Sr. Anderson Ferreira)

> Dispõe sobre o Estatuto da Família e dá outras providências.

O Congresso Nacional decreta:

Art. 1º Esta Lei institui o Estatuto da Família e dispõe sobre os direitos da família, e as diretrizes das políticas públicas voltadas para valorização e apoiamento à entidade familiar.
Art. 2º Para os fins desta Lei, define-se entidade familiar como o núcleo social formado a partir da união entre um homem e uma mulher, por meio de casamento ou união estável, ou ainda por comunidade formada por qualquer dos pais e seus descendentes.

Art. 3º É obrigação do Estado, da sociedade e do Poder Público em todos os níveis assegurar à entidade familiar a efetivação do direito à saúde, à alimentação, à educação, à cultura, ao esporte, ao lazer, ao trabalho, à cidadania e à convivência comunitária.

Das diretrizes gerais

Art. 4º Os agentes públicos ou privados envolvidos com as políticas públicas voltadas para família devem observar as seguintes diretrizes:

I - desenvolver a intersetorialidade das políticas estruturais, programas e ações;

II - incentivar a participação dos representantes da família na sua formulação, implementação e avaliação;

III - ampliar as alternativas de inserção da família, promovendo programas que priorizem o seu desenvolvimento integral e participação ativa nos espaços decisórios;

IV - proporcionar atendimento de acordo com suas especificidades perante os órgãos públicos e privados prestadores de serviços à população, visando ao gozo de direitos simultaneamente nos campos da saúde, educacional, político, econômico, social, cultural e ambiental;

V - garantir meios que asseguram o acesso ao atendimento psicossocial da entidade familiar;

VI - fortalecer as relações institucionais com os entes federados e as redes de órgãos, gestores e conselhos da família;

VII - estabelecer mecanismos que ampliem a gestão de informação e produção de conhecimento sobre a família;

VIII - garantir a integração das políticas da família com os Poderes Legislativo e Judiciário, com o Ministério Público e com a Defensoria Pública; e

IX - zelar pelos direitos da entidade familiar.

Dos direitos

Art. 5º É obrigação do Estado, garantir à entidade familiar as condições mínimas para sua sobrevivência, mediante a efetivação de políticas sociais públicas que permitam a convivência saudável entre os seus membros e em condições de dignidade.

Art. 6º É assegurada a atenção integral à saúde dos membros da entidade familiar, por intermédio do Sistema Único de

Saúde – SUS, e o Programa de Saúde da Família, garantindo-lhes o acesso em conjunto articulado e contínuo das ações e serviços, para a prevenção, promoção, proteção e recuperação da saúde, incluindo a atenção especial ao atendimento psicossocial da unidade familiar.

§ 1º A prevenção e a manutenção da saúde dos membros da entidade familiar serão efetivadas por meio de:

I – cadastramento da entidade familiar em base territorial;

II – núcleos de referência, com pessoal especializado na área de psicologia e assistência social;

III – atendimento domiciliar, e em instituições públicas, filantrópicas ou sem fins lucrativos e eventualmente conveniadas com o Poder Público;

IV – reabilitação do convívio familiar orientada por profissionais especializados.

V – assistência prioritária à gravidez na adolescência.

§ 2º Incumbe ao Poder Público assegurar, com absoluta prioridade no atendimento e com a disponibilização de profissionais especializados, o acesso dos membros da entidade familiar a assistentes sociais e psicólogos, sempre que a unidade da entidade familiar estiver sob ameaça.

§ 3º Quando a ameaça a que se refere o parágrafo anterior deste artigo estiver associada ao envolvimento dos membros da entidade familiar com as drogas e o álcool, a atenção a ser prestada pelo sistema público de saúde deve ser conduzida por equipe multidisciplinar e terá preferência no atendimento.

Art. 7º Todas as famílias têm direito de viver em um ambiente seguro, sem violência, com garantia da sua incolumidade física e mental, sendo-lhes asseguradas a igualdade de oportunidades e facilidades para seu aperfeiçoamento intelectual, cultural e social enquanto núcleo societário.

Art. 8º As políticas de segurança pública voltadas para proteção da família deverão articular ações da União, dos Estados, do Distrito Federal e dos Municípios e ações não governamentais, tendo por diretrizes:

I - a integração com as demais políticas voltadas à família;

II - a prevenção e enfrentamento da violência doméstica;

III - a promoção de estudos e pesquisas e a obtenção de estatísticas e informações relevantes para subsidiar as ações de segurança pública e permitir a avaliação periódica dos impactos das políticas públicas quanto às causas, às consequências e à frequência da violência entre membros das entidades familiares;

IV - a priorização de ações voltadas para proteção das família sem situação de risco, vulnerabilidade social e que tenham em seu núcleo membros considerados dependentes químicos;

V - a promoção do acesso efetivo das famílias à Defensoria Pública, considerando as especificidades da condição da entidade familiar.

Art. 9º É assegurada prioridade na tramitação dos processos e procedimentos e na execução dos atos e diligências judiciais, em qualquer instância, em que o interesse versado constitua risco à preservação e sobrevivência da entidade familiar, devendo a parte interessada justificar o risco em petição endereçada à autoridade judiciária.

Art. 10 Os currículos do ensino fundamental e médio devem ter em sua base nacional comum, como componente curricular obrigatório, a disciplina "Educação para família", a ser especificada, em cada sistema de ensino e estabelecimento escolar, de acordo com as características regionais e locais da sociedade, da cultura, da economia e da clientela.

Art. 11 É garantida a participação efetiva do representante dos interesses da família nos conselhos e instâncias deliberativas de gestão democrática das escolas.

Art. 12 As escolas deverão formular e implantar medidas de valorização da família no ambiente escolar, com a divulgação anual de relatório que especifique a relação dos escolares com as suas famílias.

Art. 13 O Dia Nacional de Valorização da Família, que ocorre no dia 21 de outubro de cada ano, nos termos da Lei nº 12.647/2012, deve ser celebrado nas escolas públicas e privadas com a promoção de atividades no âmbito escolar que fomentem as discussões contemporâneas sobre a importância da família no meio social.

§ 1º Na data a que se refere o caput deste artigo, o Ministério Público e as Defensorias Públicas em todos os níveis promoverão ações voltadas ao interesse da família, com a prestação de serviços e orientação à comunidade.

Do conselho da família

Art. 14 Os conselhos da família são órgãos permanentes e autônomos, não jurisdicionais, encarregados de tratar das políticas públicas voltadas à família e da garantia do exercício dos direitos da entidade familiar, com os seguintes objetivos:
I - auxiliar na elaboração de políticas públicas voltadas à família que promovam o amplo exercício dos direitos dos membros da entidade familiar estabelecidos nesta Lei;
II - utilizar instrumentos de forma a buscar que o Estado garanta à família o exercício dos seus direitos;
III - colaborar com os órgãos da administração no planejamento e na implementação das políticas voltadas à família;
IV - estudar, analisar, elaborar, discutir e propor a celebração de instrumentos de cooperação, visando à elaboração de programas, projetos e ações voltados para valorização da família;
V - promover a realização de estudos relativos à família, objetivando subsidiar o planejamento das políticas públicas;
VI - estudar, analisar, elaborar, discutir e propor políticas públicas que permitam e garantam a integração e a participação da família nos processos social, econômico, político e cultural no respectivo ente federado;
VII - propor a criação de formas de participação da família nos órgãos da administração pública;
VIII - promover e participar de seminários, cursos, congressos e eventos correlatos para o debate de temas relativos à família;
IX - desenvolver outras atividades relacionadas às políticas públicas voltadas à valorização da família.
§ 1º A lei, em âmbito federal, estadual, do Distrito Federal e municipal, disporá sobre a organização, o funcionamento e a composição dos conselhos da família, observada a participação da sociedade civil mediante critério, no mínimo, paritário com os representantes do poder público.
Art. 15 São atribuições dos conselhos da família:

Mônia Medeiros Lasmar

I - encaminhar ao Ministério Público notícia de fato que constitua infração administrativa ou penal contra os direitos da família garantidos na legislação;
II - encaminhar à autoridade judiciária os casos de sua competência;
III - expedir notificações;
IV - solicitar informações das autoridades públicas;
V - assessorar o Poder Executivo local na elaboração dos planos, programas, projetos, ações e proposta orçamentária das políticas públicas voltadas à família.
Art. 16 Esta lei entra em vigor na data de sua publicação, produzindo efeitos a partir de 1º de janeiro do ano subsequente ao de sua publicação.

No projeto, são apontadas *"as diretrizes das políticas públicas voltadas para valorização e apoiamento à entidade familiar"*.

O projeto é de autoria do deputado evangélico Anderson Ferreira e prevê, em seu artigo 2º, a definição de família como a união exclusiva entre homem e mulher, sendo os casais de homossexuais excluídos, portanto, do que se define como "entidade familiar":

> Para os fins desta Lei, define-se entidade familiar como o núcleo social formado a partir da união entre um homem e uma mulher, por meio de casamento ou união estável, ou ainda por comunidade formada por qualquer dos pais e seus descendentes.

Em sua justificação à apresentação do projeto, o deputado afirma, inclusive, lhe afligir a atual *"desconstrução do conceito de família"*:

> A família é considerada o primeiro grupo humano organizado num sistema social, funcionando como uma espécie unidade-base da sociedade. Daí porque devemos conferir grande importância à família e às mudanças que a têm alterado a sua estrutura no decorrer do tempo.
> Não é por outra razão que a Constituição Federal dispensa atenção especial à família, em seu art. 226 da Constituição

Federal, ao estabelecer que a família é base da sociedade e deve ter especial proteção do Estado.

Conquanto a própria carta magna tenha previsto que o Estado deve proteger a família, o fato é que não há políticas públicas efetivas voltadas especialmente à valorização da família e ao enfrentamento das questões complexas a que estão submetidas às famílias num contexto contemporâneo.

São diversas essas questões. Desde a grave epidemia das drogas, que dilacera os laços e a harmonia do ambiente familiar, à violência doméstica, à gravidez na adolescência, até mesmo à desconstrução do conceito de família, aspecto que aflige as famílias e repercute na dinâmica psicossocial do indivíduo.

A questão merece aprofundamento e, na minha opinião, disciplinamento legal. O Estado não pode fugir à sua responsabilidade e os legisladores têm tarefa central nessa discussão.

A família vem sofrendo com as rápidas mudanças ocorridas em sociedade, cabendo ao Poder Público enfrentar essa realidade, diante dos novos desafios vivenciados pelas famílias brasileiras Tenho feito do meu mandato e da minha atuação parlamentar instrumentos de valorização da família. Acredito firmemente que a felicidade do cidadão está centrada sobretudo na própria felicidade dos membros da entidade familiar. Uma família equilibrada, de autoestima valorizada e assistida pelo Estado é sinônimo de uma sociedade mais fraterna e também mais feliz. Por cultivar essa crença, submeto à apreciação dos nobres pares o presente projeto de lei que, em síntese, institui o Estatuto da Família. A proposta que ora ofereço pretende ser o ponta pé inicial de uma discussão mais ampla a ser empreendida nesta Casa em favor da promoção de políticas públicas que valorizem a instituição familiar.

O estatuto aborda questões centrais que envolvem a família. Primeiro propugna duas ideias: o fortalecimento dos laços familiares a partir da união conjugal firmada entre o homem e a mulher, ao estabelecer o conceito de entidade familiar; a proteção e a preservação da unidade familiar, ao estimular a adoção de políticas de assistência que levem às residências e às unidades de saúde públicas profissionais capacitados à orientação das famílias.

Entre outras temas de interesse da família, o projeto propõe ainda: que a família receba assistência especializada para o enfrentamento do problema da droga e do álcool; que o Estado preste apoio efetivo às adolescentes grávidas prematuramente; que seja incluída no currículo escolar a disciplina "Educação para família"; a prioridade na tramitação de processos judiciais e administrativos em demandas que ponham em risco à preservação e sobrevivência da entidade familiar; a criação do conselho da família no âmbito dos entes federados; o aperfeiçoamento e promoção à interdisciplinaridade das políticas voltadas ao combate da violência doméstica.

Em síntese, proposta busca a valorização e o fortalecimento da entidade familiar, por meio da implementação de políticas públicas, razão pela qual peço o inestimável apoio dos nobres pares.

Embora não exista no Brasil lei que autorize expressamente a adoção de crianças por casais homossexuais, esta costuma ocorrer normalmente, sendo o entendimento dos Tribunais Superiores (STJ e STF) pelo direito de adoção, tendo em vista que o fator mais importante deve ser o bem-estar e a inserção social da criança.

O STF, maior guardião da Constituição, reconheceu a adoção em 2015, afirmando, inclusive, que a CF/88 não faz distinção entre famílias heteroafetivas e homoafetivas:

> A Constituição Federal não distingue entre a família que se forma por sujeitos heteroafetivos e a que se constitui por pessoas de inclinação homoafetiva. Por isso, em nenhuma ginástica mental ou alquimia interpretativa, dá para compreender que a nossa Magna Carta não emprestou ao substantivo 'família' nenhum significado ortodoxo ou da própria técnica jurídica. (...) Assim interpretando por forma não-reducionista o conceito de família, penso que este STF fará o que lhe compete: manter a Constituição na posse do seu fundamental atributo da coerência, pois o conceito contrário implicaria forçar o nosso Magno Texto a incorrer, ele mesmo, em discurso indisfarçavelmente preconceituoso ou homofóbico. (IRAHETA, 2015).

Em 2009, o Conselho Nacional de Justiça (instituição "regulamentadora" do Poder Judiciário brasileiro) determinou a modificação das certidões de nascimento, para que passassem a constar, em substituição ao tradicional "pai e mãe", o termo "filiação".

Assim, a matéria "adoção por casais homossexuais" é pautada no Brasil exclusivamente pela chamada judicialização das leis ou ativismo judicial, fenômeno em que o Poder Judiciário passa a interpretar a legislação ainda não oficialmente regulamentada pelo Congresso Nacional, "criando direitos", de acordo com o seu entendimento legal. Segundo MENDES et al.:

> Noutras palavras, impõe-se *re-interpretar* esse velho dogma para adaptá-lo ao moderno Estado *constitucional*, que sem deixar de ser *liberal*, tornou-se igualmente *social e democrático*, e isso não apenas pela ação legislativa dos Parlamentos, ou pelo intervencionismo igualitarista do Poder Executivo, mas também pela atuação *política* do Poder Judiciário, sobretudo nas modernas Cortes Constitucionais, crescentemente comprometidas com o *alargamento* da cidadania e a *realização* dos direitos fundamentais. (2009, p. 119).

Nesse sentido, já havendo entendimento no país pela adoção de crianças por casais homossexuais, constando ambos na certidão de nascimento, e não apenas um deles, essa "redução" do conceito de família poderia prejudicar novos casais homoafetivos adotantes, bem como as crianças adotadas, que poderiam, inclusive, perder direitos de herdeiro de um dos pais ou mães.

O Estatuto da Família trata de uma série de assuntos relevantes a todos os cidadãos, como as políticas públicas voltadas para as drogas, conforme se verifica, por exemplo, no § 3º do art. 6º do referido projeto de lei:

> Quando a ameaça a que se refere o parágrafo anterior deste artigo estiver associada ao envolvimento dos membros da entidade familiar com as drogas e o álcool, a atenção a ser prestada pelo sistema público de saúde deve ser conduzida por equipe multidisciplinar e terá preferência no atendimento.

Mônia Medeiros Lasmar

Excluindo-se os casais homoafetivos da definição de entidade familiar, seriam também excluídos, juntamente com seus filhos, do direito a se beneficiar de tais políticas públicas e sociais. Acabariam por ser relegados a uma espécie de cidadãos de segunda classe.

Na comissão especial criada na Câmara dos Deputados para discussão do projeto de lei, o relator, deputado e pastor evangélico Ronaldo Fonseca, proferiu parecer em favor da manutenção do artigo 2º do Estatuto da Família:

> Desse modo, apesar de o Estado ser laico, por não possuir religião oficial, nem influência de autoridades eclesiásticas no Estado, todo o arcabouço jurídico que o constituinte coloca, incluindo-se a dignidade da pessoa humana, a igualdade perante a lei e demais direitos fundamentais, individuais e coletivos, é dado sob a proteção de Deus.
>
> Nesse sentido, deve-se também esperar respeito dessa Casa ao credo reconhecidamente balizador dos valores da maioria absoluta de religiosos e não religiosos e que construiu nossa sociedade brasileira, bem como todo o ocidente. Isso, indiscutivelmente faz trazer como família admissível a iniciada com um homem e uma mulher, não é à toa a preocupação de colocá-la de maneira literal na CF (art. 226, § 3º, para não haver dúvidas). Ademais, não se pode considerar que a família seja invenção da religião, mas ela é reconhecida na Religião como algo essencial à sociedade e merecedora de respeito por parte do Estado; que não deve querer modificá-la, apenas pode ver motivos para protegê-la. Não se trata, portanto, de uma questão religiosa, mas de respeito à opinião da população que, além de ver razões fáticas que fazem da família uma instituição merecedora de proteção e normatização, a consideram o centro do ensino, desenvolvimento e orientação do indivíduo sob a proteção de Deus.

Já em 2015, devido à prorrogação da comissão especial temporária, o deputado católico Diego Garcia, defendendo a bancada evangélica em relação aos debates acirrados que outrora ocorreram na Câmara, aduz, em seu parecer:

Para trabalharmos efetivamente sobre razão pública, é importante identificar e banir deste ambiente algumas falsas dicotomias, que efetivamente desviam do saudável debate de ideias. Listei quatro delas, sobre as quais de imediato me pronuncio: (1) Quem não advoga pelo casamento de pessoas do mesmo sexo é homofóbico; (2) Quem defende a família "tradicional" é fundamentalista; (3) O Estatuto da Família quer excluir várias modalidades familiares; (4) Não se pode aprovar um Estatuto que não contemple todos os modelos de vida da atualidade. (...)

Nesse contexto, e sem mostrarem que o argumento seja efetivamente de cunho religioso, arvoram-se então como defensores do "Estado Laico" – que não interfere nas religiões, mas respeita as manifestações do povo e de cada cidadão –, quando na verdade o que pretendem é um "Estado Laicista" – perseguidor da religião e daqueles que as professam. Falseiam, portanto, a noção de Estado Laico, uma genuína conquista das religiões, em prol da liberdade religiosa.

Sobre o ativismo judicial do STF, especialmente no que tange à matéria em questão, o deputado no mesmo parecer assim opinou:

Com todo respeito ao STF, ele usurpa funções quando invade searas que só poderiam ser bem debatidas mediante deliberação ampla. Isso exige o bom funcionamento da razão prática, que é o modo como pensamos os temas ligados à ação política, moral, e ao direito. Por definição, temas ligados ao agir humano. Esses temas só são bem apreciados mediante grande deliberação. Deve-se notar ainda algo paradoxal: age o Congresso Nacional também quando não age, em aparente equívoco lógico. Age quando diz: "nós achamos que não devamos mudar". E esta inação deliberada, proposital, do Congresso Nacional, deve ser respeitada. E quando não o é, opera-se uma usurpação de outras funções constitucionais. Portanto, cabe ao Parlamento, enquanto órgão de representação majoritária, tratar de matérias como a reconsideração do que deva ser considerado base da sociedade após atenta observação e deliberação, bem como a ele também compete, pelas mesmas razões, o estabelecimento de especiais benefícios para categorias diferenciadas de convivência humana que não se identificam com a base da sociedade.

Ainda em 2015, o deputado Jean Wyllys interpõe requerimento, ainda não apreciado, para que o projeto seja apreciado em plenário. Assim, o projeto teve sua última tramitação em novembro de 2015. Há projetos de lei, também em tramitação na Câmara, proibindo expressamente a adoção por homossexuais, como é o caso do PL 4.508/2008.

O PL 4.508/2008, de autoria do deputado Olavo Calheiros, é bem objetivo. Pretende proibir que qualquer indivíduo homossexual adote:

O Congresso Nacional decreta:
Art. 1º Esta Lei tem por finalidade vedar a adoção por homossexuais. Art. 2º. O parágrafo único do art. 1.618 da Lei n.º 10.406, de 10 de janeiro de 2002, passa a vigorar com a seguinte redação:
'Art. 1.618...
Parágrafo único. A adoção poderá ser formalizada, apenas por casal que tenha completado dezoito anos de idade, comprovado o casamento oficial e a estabilidade da família, sendo vedada a adoção por homossexual." (NR)
Art. 3º. Esta lei entra em vigor na data de sua publicação

Na justificação ao projeto, o deputado alega, entre outras razões que a adoção poderá constranger a criança:

O objetivo desta lei é resguardar a criança adotada, que não poderá ser exposta a situação que possa interferir na sua formação. Toda criança deve ter direito a um lar constituído de forma regular, de acordo com os padrões da natureza.
A adoção por casais homossexuais pode expor a criança a sérios constrangimentos. Um criança, cujos pais adotivos mantenham um relacionamento homoafetivo, terá grandes dificuldades em explicar aos seus amigos e colegas de escola, por exemplo, porque tem dois pais, sem nenhuma mãe, ou duas mães, sem nenhum pai.

Em épocas festivas, como dia das mães ou dia dos pais, essa criança sofrerá constrangimentos marcantes pela ausência de um pai ou de uma mãe. Até mesmo a compreensão por parte da criança quanto a essa realidade afigurar-se-á difícil e distorcida no que tange à composição do núcleo familiar.

É dever do Estado por a salvo a criança e o adolescente de qualquer situação que possa causar-lhes embaraços, vexames e constrangimentos. A educação e a formação de crianças e adolescentes devem ser processadas em ambiente completamente adequado e favorável a um bom desenvolvimento intelectual, psicológico, moral e espiritual.

Por essa razão, o ordenamento jurídico, adequando-se aos preceitos constitucionais deve resguardar os jovens de qualquer exposição que possa comprometer-lhes a formação e o desenvolvimento.

Desse modo, apresento este Projeto vedando expressamente a adoção por casais que vivam em união homoafetiva, para o qual conto com o apoio dos ilustres Pares.

Este projeto de lei foi apensado ao PL 2.285/2007, que prevê a modificação da Constituição Federal e do Código Civil para que passe a se proteger, como família, *"toda comunhão de vida instituída com a finalidade de convivência familiar, em qualquer de suas modalidades."* O projeto continua em tramitação, porém sem modificação em seus andamentos desde 2014.

Mais um projeto de lei que visa vetar a adoção por casais homossexuais é o PL 3.323/2008. Nele, o seu autor, o deputado evangélico Walter Brito Neto, propõe alteração ao Estatuto da Criança e do Adolescente, lei nº 8.069/90, para que proíba expressamente a adoção por casais do mesmo sexo:

O Congresso Nacional decreta:

Art. 1.º Esta Lei acrescenta parágrafo a Lei 8069, de 13 de julho de 1990, Estatuto da Criança e do Adolescente, para vedar a adoção por casais do mesmo sexo Art. 2.º Acrescente ao art. 39 da Lei 8069, de 13 de julho de 1990, Estatuto da Criança e do Adolescente, o parágrafo seguinte:

"Art. 39...

§ 1º. É vedada a adoção por procuração.
§ 2º. É vedada a adoção por casal do mesmo sexo." (AC)
Art. 3.º Esta lei entra em vigor 60 (sessenta) dias após a data de sua publicação.

Em sua justificação, o deputado recorre diretamente à religião, afirmando ser o Brasil um estado laico, mas não ateu, dentre outros motivos:

> A luta homoafetiva pelo seu espaço na sociedade vem criando debates e sugerindo novos conceitos. A constante transformação do paradigma familiar ainda não conseguiu quebrar os tabus, preconceitos e principalmente entendimentos religiosos e jurídicos que pudessem absorver tal polêmica, no entanto, com objetivo de reforçar o que já está estabelecido no nosso ordenamento jurídico, é que apresento esta proposição.
>
> De acordo com a sociedade e a Constituição Brasileira o modelo de família é constituído por um homem e uma mulher, seja por união estável ou por casamento, a fim de formar uma família. No entanto, os "casais" do mesmo sexo afirmam que para eles o que realmente interessa é o amor de um para com o outro, ao passo de deixar de lado a sistemática da formação familiar.
>
> Neste sentido, dentro do sistema jurídico não existe nenhuma censura, em razão da opção sexual. Por outro lado, existem empecilhos para adoção por parte de casal do mesmo sexo, conforme dispositivos da Constituição Federal e do Código Civil Brasileiro, a saber:
>
> > Art. 226 § 3º, da Constituição Federal: "Para efeito da proteção do Estado, é reconhecida a união estável entre o homem e a mulher como entidade familiar, devendo a lei facilitar sua conversão em casamento."; e
> >
> > Art.1.622 do Código Civil: "Ninguém pode ser adotado por duas pessoas, salvo se forem marido e mulher."

Como se observa, a Constituição acrescenta como entidade familiar, além do casamento civil, a união estável entre homem e mulher. De forma objetiva, o Código Civil de 2002 manteve o texto no qual não permite a adoção por aqueles.

Há de se observar também os dogmas religiosos. É sabido que o Estado é laico, no entanto, não se pode falar que ele é ateu. Hoje, mais de 90% da população brasileira é Cristã, ou seja, além de garantir o direito da minoria temos o dever de respeitar o direito da maioria.

Por outro lado, não podemos esquecer a relação psicológica envolvida diretamente ao adotado, pois há uma grande discussão entre psicólogos e psiquiatras sobre o comportamento dessa criança ao ser inserida em uma família de casal do mesmo sexo. Seria possível responder a tais questionamentos:

1.A ausência de referência de ambos os gêneros tornaria confusa a identidade sexual da criança?

2.A criança poderia ser alvo de repúdio, chacotas, discriminação no meio que vier a frequentar?

3.Diante do tabu da sociedade, muitos "casais" do mesmo sexo não se expõem, dificultando assim a visualização do contexto familiar. Em razão desta situação, a criança absorveria como algo natural chamar os pais do mesmo sexo diferenciando cada um por PAI E MÃE?

Assim, tendo em vista a relevância deste Projeto de Lei para a proteção da família, esperamos contar com o apoio de nossos Pares nesta Casa para a célere aprovação desta proposta.

O projeto de lei foi declarado prejudicado no mesmo ano, devido à aprovação do PL 6.222/2005, transformado na Lei Ordinária nº 12.010/2009, que dispõe sobre a adoção. Na referida lei, não há qualquer menção à adoção entre pessoas do mesmo sexo, tampouco sua proibição. O parágrafo 2º do artigo 42 define apenas que: *"Para adoção conjunta, é indispensável que os adotantes sejam casados civilmente ou mantenham união estável, comprovada a estabilidade da família."*

Assim, conforme já mencionado, a adoção é atualmente permitida, a não ser que o anteriormente citado Estatuto da Família seja aprovado em sua totalidade, a ponto de redefinir o conceito de entidade familiar no Brasil, o que representaria uma forma de retrocesso, conforme anteriormente citado.

3.2.2.CASAMENTO CIVIL HOMOAFETIVO

Outro tema relevante e ainda sem conclusão no Congresso Nacional é o casamento civil entre pessoas do mesmo sexo no Brasil. Tais casamentos já ocorrem atualmente, tendo sido também permitidos por meio de ativismo judicial, pelo STF.

Inicialmente não se permitia sequer a união estável entre pessoas do mesmo sexo, posto que prevista na Constituição Federal apenas entre homem e mulher, conforme o § 3º do artigo 226, regulamentado em 1996. Tal entendimento taxativo foi modificado em 2011, quando o STF decidiu que as relações entre pessoas do mesmo sexo eram equiparáveis à união estável prevista na CF/88.

De acordo com o relator, Ministro Ayres Britto, baseado em entendimento kelseniano consagrado, o que a lei não proíbe, permite. Desta forma, o silêncio constitucional acerca da união homoafetiva seria proposital, autorizativo. Constando, inclusive, no artigo 5º da CF/88 que ""*ninguém será obrigado a fazer ou deixar de fazer alguma coisa senão em virtude de lei*"" (ADI 4.277, p. 10)

Assim, entre as diversas fundamentações de seu voto o relator entende:

> E assim é que, mais uma vez, a Constituição Federal não faz a menor diferenciação entre a família formalmente constituída e aquela existente ao rés dos fatos. Como também não distingue entre a família que se forma por sujeitos heteroafetivos e a que se constitui por pessoas de inclinação homoafetiva. Por isso que, sem nenhuma ginástica mental ou alquimia interpretativa, dá para compreender que a nossa Magna Carta não emprestou ao substantivo "família" nenhum significado ortodoxo ou da própria técnica jurídica. Recolheu-o com o sentido coloquial praticamente aberto que sempre portou como realidade do mundo do ser. Assim como dá para inferir que, quanto maior o número dos espaços doméstica e autonomamente estrutura-

dos, maior a possibilidade de efetiva colaboração entre esses núcleos familiares, o Estado e a sociedade, na perspectiva do cumprimento de conjugados deveres que são funções essenciais à plenificação da cidadania, da dignidade da pessoa humana e dos valores sociais do trabalho. (ADI 4.277, p. 24)

E ainda:

> Por último, anoto que a Constituição Federal remete à lei a incumbência de dispor sobre a assistência do Poder Público à adoção, inclusive pelo estabelecimento de casos e condições da sua (dela, adoção) efetivação por parte de estrangeiros (§5º do art. 227); E também nessa parte do seu estoque normativo não abre distinção entre adotante "homo" ou "heteroafetivo". E como possibilita a adoção por uma só pessoa adulta, também sem distinguir entre o adotante solteiro e o adotante casado, ou então em regime de união estável, penso aplicar-se ao tema o mesmo raciocínio de proibição do preconceito e da regra do inciso II do art. 5º da CF, combinadamente com o inciso IV do art. 3º e o §1º do art. 5º da Constituição. Mas é óbvio que o mencionado regime legal há de observar, entre outras medidas de defesa e proteção do adotando, todo o conteúdo do art. 227, cabeça, da nossa Lei Fundamental.

Assim, tendo a lei civil brasileira equiparado os efeitos da união estável aos do casamento (artigo 1.723 do Código Civil), o que ocorreu, na prática, foi a autorização judicial ao casamento entre pessoas do mesmo sexo.

Em 2013, exatamente dois anos após o reconhecimento da união estável homoafetiva pelo STF, o CNJ regulamentou a prática, determinando que todos os cartórios do país fossem obrigados a celebrar o casamento civil entre pessoas do mesmo sexo, da mesma forma que determinou que não poderia ser negada a conversão da união estável em casamento para esses indivíduos.

Imediatamente após a publicação da referida resolução pelo CNJ, foi apresentado no Senado Federal um projeto de decreto legislativo, visando sustar os seus efeitos (PDL nº 106/2013).O projeto foi apresentado pelo já citado senador evangélico Magno Malta, presença constante neste tipo de matéria no Congresso.

A interposição do projeto gerou uma espécie de disputa entre os poderes Legislativo e Judiciário, e, segundo o senador propositor do projeto, o poder judiciário teria usurpado competência exclusiva do poder legislativo, ao proferir a referida resolução. O PDL 106/2013 foi encaminhado à Comissão de Constituição e Justiça ainda em 2013, tendo sido definitivamente arquivado em 2018.

Na Câmara dos Deputados, além do já citado projeto do Estatuto da Família, que visa o reconhecimento apenas da família constituída entre homem e mulher, há outros projetos de lei acerca da união estável e casamento homoafetivo. É o caso do projeto de lei nº 4.919/2009, de autoria conjunta de vários deputados, visando garantir à união estável homoafetiva as mesmas regras da união estável heteroafetiva, exceto a conversão em casamento. Dessa forma, o projeto encontra-se obsoleto, apesar de ainda tramitar, uma vez reconhecidos judicialmente os referidos direitos, inclusive o de conversão em casamento.

Em 2013 foi apresentado o projeto de lei nº 5.120/2013, para alterar o Código Civil, visando o reconhecimento do casamento civil e da união estável entre pessoas do mesmo sexo.

Com seu último andamento ocorrido em 2015, a proposta permanece em tramitação, sem data para votação, posto que sequer foram apresentados relatórios das comissões permanentes. Dessa forma, até então, o casamento entre pessoas do mesmo sexo não é reconhecido por lei no Brasil, somente ocorrendo devido a determinação judicial e resolução do CNJ.

3.2.3.HOMOFOBIA

Em 2006, foi iniciada tramitação no Senado Federal do projeto de lei nº 122/2006 (SF PLC/122), que pretendia equiparar ao crime de racismo a prática de homofobia. O projeto foi iniciado na Câmara dos Deputados em 2001 (PL 5003/2001).

É o chamado "PL da Homofobia". Conforme andamentos verificados no site da Câmara dos Deputados, o projeto foi encaminhado ao Senado Federal em dezembro de 2006, com parecer positivo, ou seja, com aprovação da Câmara.

Porém, até ser aprovado pela Câmara e encaminhado ao Senado, o projeto permaneceu cinco anos em tramitação, sofrendo arquivamento antes de sua apreciação, bem como procrastinação pelos deputados que eram nomeados relatores, como o deputado Bispo Rodrigues, que permaneceu durante um ano com o projeto, tendo devolvido o mesmo sem qualquer manifestação.

Após a chegada do projeto no Senado Federal, a partir daí nomeado como SF PLC 122/2006, passou pela Comissão de Direitos Humanos e Legislação Participativa, tendo recebido parecer favorável à aprovação do projeto em 07/03/2007. Eis o texto do projeto:

SENADO FEDERAL
PROJETO DE LEI DA CÂMARA
Nº 122, DE 2006
(nº 5.003/2001, na Câmara dos Deputados)

Altera a Lei nº 7.716, de 5 de janeiro de 1989, que define os crimes resultantes de preconceito de raça ou de cor, dá nova redação ao § 3º do art. 140 do Decreto-Lei nº 2.848, de 7 de dezembro de 1940 – Código Penal, e ao art. 5º da Consolidação das Leis do Trabalho, aprovada pelo Decreto-Lei nº 5.452, de 1º de maio de 1943, e dá outras providências.

O CONGRESSO NACIONAL decreta:

Art. 1º Esta Lei altera a Lei nº 7.716, de 5 de janeiro de 1989, o Decreto-Lei nº 2.848, de 7 de dezembro de 1940 – Código Penal, e a Consolidação das Leis do Trabalho, aprovada pelo Decreto-Lei nº 5.452, de 1º de maio de 1943, definindo os crimes resultantes de discriminação ou preconceito de gênero, sexo, orientação sexual e identidade de gênero.

Mônia Medeiros Lasmar

Art. 2º A ementa da Lei nº 7.716, de 5 de janeiro de 1989, passa a vigorar com a seguinte redação:

"Define os crimes resultantes de discriminação ou preconceito de raça, cor, etnia, religião, procedência nacional, gênero, sexo, orientação sexual e identidade de gênero." (NR)

Art. 3º O *caput* do art. 1º da Lei nº 7.716, de 5 de janeiro de 1989, passa a vigorar com a seguinte redação:

"Art. 1º Serão punidos, na forma desta Lei, os crimes resultantes de discriminação ou preconceito de raça, cor, etnia, religião, procedência nacional, gênero, sexo, orientação sexual e identidade de gênero." (NR)

Art. 4º A Lei nº 7.716, de 5 de janeiro de 1989, passa a vigorar acrescida do seguinte art. 4º-A:

"Art. 4º-A Praticar o empregador ou seu preposto atos de dispensa direta ou indireta:

Pena: reclusão de 2 (dois) a 5 (cinco) anos."

Art. 5º Os arts. 5º, 6º e 7º da Lei nº 7,716, de 5 de janeiro de 1989, passam a vigorar com a seguinte redação:

"Art. 5º Impedir, recusar ou proibir o ingresso ou a permanência em qualquer ambiente ou estabelecimento público ou privado, aberto ao público:

Pena: reclusão de 1 (um) a 3 (três) anos." (NR)

"Art. 6º Recusar, negar, impedir, preterir, prejudicar, retardar ou excluir, em qualquer sistema de seleção educacional, recrutamento ou promoção funcional ou profissional:

Pena – reclusão de 3 (três) a 5 (cinco) anos.

Parágrafo único. (Revogado)." (NR)

"Art. 7º Sobretaxar, recusar, preterir ou impedir a hospedagem em hotéis, motéis, pensões ou similares:

Pena – reclusão de 3 (três) a 5 (cinco) anos." (NR)

Art. 6º A Lei nº 7.716, de 5 de janeiro de 1989, passa a vigorar acrescida do seguinte art. 7º-A:

"Art. 7º-A Sobretaxar, recusar, preterir ou impedir a locação, a compra, a aquisição, o arrendamento ou o empréstimo de bens móveis ou imóveis de qualquer finalidade:

Pena: reclusão de 2 (dois) a 5 (cinco) anos."

Art. 7º A Lei nº 7.716, de 5 de janeiro de 1989, passa a vigorar acrescida dos seguintes art. 8º-A e 8º-B:

"Art. 8º-A Impedir ou restringir a expressão e a manifestação de afetividade em locais públicos ou provados abertos ao público, em virtude das características previstas no art. 1º desta Lei:
Pena: reclusão de 2 (dois) a 5 (cinco) anos."
"Art. 8º-B Proibir a livre expressão e manifestação de afetividade do cidadão homossexual, bissexual ou transgênero, sendo estas expressões e manifestações permitidas aos demais cidadãos ou cidadãs.
Pena: reclusão de 2 (dois) a 5 (cinco) anos."
Art. 8º Os arts. 16 e 20 da Lei nº 7.716, de 5 de janeiro de 1989, passam a vigorar com a seguinte redação:
"Art. 16 Constituem efeito de condenação:
I – a perda do cargo ou função pública, para o servidor público;
II – inabilitação para contatos com órgãos da administração pública direta, indireta ou fundacional;
III – proibição de acesso a créditos concedidos pelo poder público e suas instituições financeiras ou a programas de incentivo ao desenvolvimento por estes instituídos ou mantidos;
IV – vedação de isenções, remissões, anistias ou quaisquer benefícios de natureza tributária;
V – multa de até 10.000 (dez mil) UFIRs, podendo ser multiplicada em até 10 (dez) vezes em caso de reincidência, levando-se em conta a capacidade financeira do infrator;
VI – suspensão do funcionamento dos estabelecimentos por prazo não superior a 3 (três) meses.
§ 1º Os recursos provenientes das multas estabelecidas por esta Lei serão destinados para campanhas educativas contra a discriminação.
§ 2º Quando o ato ilícito for praticado por contratado, concessionário, permissionário da administração pública, além das responsabilidades individuais, será acrescida a pena de rescisão do instrumento contratual, do convênio ou da permissão.
§ 3º Em qualquer caso, o prazo de inabilitação será de 12 (doze) meses contados da data aplicação da sanção.
§ 4º As informações cadastrais e as referências invocadas como justificadoras da discriminação serão sempre acessíveis a todos aqueles que se sujeitarem a processo seletivo, no que se refere à sua participação." (NR)

"Art. 20 Praticar, induzir ou incitar a discriminação ou preconceito de raça, cor, etnia, religião, procedência nacional, gênero, sexo, orientação sexual e identidade de gênero:

....

§ 5º O disposto neste artigo envolve a prática de qualquer tipo de ação violenta, constrangedora, intimidatória ou vexatória, de ordem moral, ética, filosófica ou psicológica." (NR)

Art. 9º A Lei nº 7.716, de 5 de janeiro de 1989, passa a vigorar acrescida dos seguintes arts. 20-A e 20-B:

"Art. 20-A A prática dos atos discriminatórios a que se refere esta Lei será apurada em processo administrativo e penal, que terá início mediante:

I – reclamação do ofendido ou ofendida;

II – ato ou ofício de autoridade competente;

III – comunicado de organizações não governamentais de defesa da cidadania e direitos humanos."

"Art. 20-B A interpretação dos dispositivos desta Lei e de todos os instrumentos normativos de proteção dos direitos de igualdade, de oportunidade e de tratamento atenderá ao princípio da mais ampla proteção dos direitos humanos.

§ 1º Nesse intuito, serão observadas, além dos princípios e direitos previstos nesta Lei, todas as disposições decorrentes de tratados ou convenções internacionais das quais o Brasil seja signatário, da legislação interna e das disposições administrativas.

§ 2º Para fins de interpretação e aplicação desta Lei, serão observadas, sempre que mais benéficas em favor da luta antidiscriminatória, as diretrizes traçadas pelas Cortes Internacionais de Direitos Humanos, devidamente reconhecidas pelo Brasil."

Art. 10 O § 3º do art. 140 do Decreto-Lei nº 2.848, de 7 de dezembro de 1940 – Código Penal, passa a vigorar com a seguinte redação:

"Art. 140 ....

....

§ 3º Se a injúria consiste na utilização de elementos referentes à raça, cor, etnia, religião, procedência nacional, gênero, sexo, orientação sexual e identidade de gênero, ou a condição de pessoa idosa ou portadora de deficiência:

Pena: reclusão de 1 (um) a 3 (três) anos e multa." (NR)

Art. 11 O art. 5º da Consolidação dos Leis do Trabalho – CLT, aprovada pelo Decreto-Lei nº 5.452, de 1º de maio de 1943, passa a vigorar acrescido do seguinte parágrafo único:

"Art. 5º ....

Parágrafo único. Fica proibida a adoção de qualquer prática discriminatória e limitativa para efeito de acesso a relação de emprego, ou sua manutenção, por motivo de sexo, orientação sexual e identidade de gênero, origem, raça, cor, estado civil, situação familiar ou idade, ressalvadas, neste caso, as hipóteses de proteção ao menor previstas no inciso XXXIII do *caput* do art. 7º da Constituição Federal." (NR)

Art. 12 Esta Lei entra em vigor na data de sua publicação.

Como justificação ao projeto de lei original (nº 5.003/2001 da Câmara dos Deputados), apresentada pela deputada Iara Bernardi, lê-se:

A sociedade brasileira tem avançado bastante. O direito e a legislação não podem ficar estagnados. E, como legisladores, temos o dever de encontrar mecanismos que assegurem os direitos humanos, a dignidade e a cidadania das pessoas, independente da raça, cor, religião, opinião política, sexo ou da orientação sexual.

A orientação sexual é direito personalíssimo, atributo inerente e inegável a pessoa humana. E como direito fundamental, surge o prolongamento dos direitos da personalidade, como direitos imprescindíveis para a construção de uma sociedade que se quer livre, justa e igualitária. Não se trata aqui de defender o que é certo ou errado. Trata-se de respeitar as diferenças e assegurar a todos o direito de cidadania.

Temos como responsabilidade a elaboração de leis que levem em conta a diversidade da população brasileira. Nossa principal função como parlamentares é assegurar direitos, independente de nossas escolhas ou valores pessoais. Temos que discutir e assegurar direitos humanos sem hierarquiza-los. Homens, mulheres, portadores de deficiência, homossexuais, negros/negras, crianças e adolescentes são sujeitos sociais, portanto sujeitos de direitos.

O que estamos propondo é o fim da discriminação de pessoas que pagam impostos como todos nós. É a garantia de que não serão molestados em seus direitos de cidadania. E para que prevaleça o art. 5º da nossa Constituição: *"Todos são iguais perante a lei, sem distinção de qualquer natureza, garantindo-se aos brasileiros e aos estrangeiros residentes no país a inviolabilidade do direito à vida, à liberdade, à igualdade, à segurança e a propriedade."* A presente proposição caminha no sentido de colocar o Brasil num patamar contemporâneo de respeito aos direitos humanos e da cidadania. E é por esta razão que esperamos contar com o apoio das nobres e dos nobres colegas para a aprovação deste projeto de lei.

Porém, após uma semana de tramitação no Senado Federal, em 15/03/2007, a mesma senadora responsável pela relatoria, Fátima Cleide, solicita a devolução do projeto para reexame da matéria, sendo então realizada audiência pública após dois meses. Dela participam não apenas membros da sociedade civil e de movimentos em prol dos direitos dos homossexuais, como também representantes das religiões católica e evangélica, apesar de o projeto de lei não tratar de religião. No sítio eletrônico do Senado Federal, onde se acompanha toda a tramitação do projeto, há a menção dos membros convidados à audiência:

23/05/2007
CDH - Comissão de Direitos Humanos e Legislação Participativa
Situação:
AUDIÊNCIA PÚBLICA
Ação:
Realizada Audiência Pública, para instruir a presente matéria, conforme Requerimento CDH, nº. 21, de 2007, com os seguintes convidados: Lívia Nascimento Tinôco - Procuradora da República; Jean Wyllys de Matos Santos - Professor Universitário; Paulo Fernando Melo da Costa - Advogado; Ivair Augusto dos Santos - Secretário Executivo do Conselho Nacional de Combate à Discriminação; Paulo Leão - Presidente da Associação Católica de Juristas do Rio de Janeiro; Reverendo Guilhermino Cunha - Membro da Academia Evangélica de Letras do Brasil; Evandro Piza - Mestre em Direito Penal

Posteriormente, ainda em 2007, foi novamente requerida audiência pública, dessa vez sem a presença de convidados das igrejas:

06/09/2007
CDH - Comissão de Direitos Humanos e Legislação Participativa
Situação:
AUDIÊNCIA PÚBLICA
Ação:
Aprovado o Requerimento nº 51/2007-CDH, de autoria da Senadora Serys Slhessarenko, para realização de Audiência Pública, visando orientação da presente matéria com os seguintes convidados: - Maria Berenice Dias - Desembargadora do Tribunal de Justiça do Rio Grande do Sul; - Dalio Zippin - Advogado da Comissão de Direitos Humanos da OAB; - Celso de Mello - Ministro e Ex-Presidente do Supremo Tribunal Federal; - Paulo Mariente - Advogado do Grupo Identidade; e - Edith Modesto - Presidente do Grupo de Pais de Homossexuais.

A senadora relatora apresentou novo relatório, reformulado de acordo com as audiências públicas, mantendo o entendimento pela aprovação da matéria.

Assim, o projeto foi encaminhado à Comissão de Assuntos Sociais, recebendo relatório favorável à aprovação, tendo se manifestado de forma contrária o senador (e pastor evangélico) Magno Malta. O senador também é membro da Frente Parlamentar em Defesa da Família. Cumpre informar que posteriormente, em 2011, apresenta-se requerimento para realização de audiência pública referente ao projeto, nos seguintes termos:

Os Senadores que subscrevem o presente, nos termos do artigo 58, inciso II da Constituição Federal, artigos 90, inciso II e 93, inciso I do Regimento Interno do Senado Federal, requerem que seja feita audiência pública, com entidades da sociedade civil, destacando OAB, CNBB, e Conselhos de Líderes Religiosos Brasileiros, FENASP, Fórum Evangélico Nacional de Ação Social e Política, através de seu presidente Wilton Acosta, dentre outras, que serão indicadas posteriormente, para instrução do Projeto de Lei da Câmara nº 122, de 2006, em apreciação nessa

Comissão de Direitos Humanos e Legislação Participativa, antes da votação do parecer sobre a matéria.

Em 2012, novo requerimento do mesmo deputado e pastor, solicitando a inclusão como convidado em audiência pública para discussão do tema o maior representante da igreja evangélica Assembleia de Deus no Brasil, o Sr. Silas Malafaia:

> Requeiro, nos termos regimentais, em aditamento ao Requerimento nº 27, de 2012, de autoria da Senadora Marta Suplicy, de instrução do PLC 122, de 2006, já aprovado por esta Comissão, seja incluído entre os expositores, o Pastor Silas Malafaia e Pastor Joide Miranda, que com certeza trarão embasamentos elucidativos para análise da matéria.

Em seu sítio eletrônico oficial, o senador informa sobre o fim do "PL 122", devido a seu arquivamento em dezembro de 2014, ao final daquela legislatura:

> Para o Presidente da Frente Parlamentar em Defesa da Família, senador Magno Malta, este novo projeto foi elaborado sem ouvir o clamor das famílias. "Não tem como aceitar criminalizar pessoas de bem com mudanças radicais nos bons costumes. Não vou ficar calado, defendo as audiências públicas para ouvir todos os setores da sociedade organizada, as entidades civis que já trabalham pelas famílias e todas as religiões. Meu enfrentamento não é isolado, tenho recebido apoio para erradicar de vez a intolerância, o preconceito e a discriminação enraizados profundamente no seio da sociedade brasileira. Não podemos, repito, tratar este tema tão importante de forma isolada, privilegiando os homossexuais, criando o estigma da homofobia, esquecendo a raiz e a origem de todo preconceito, que já alimentou a escravidão, assassinatos de judeus e a violência contra as mulheres em todo o mundo". Magno Malta deixou claro que o Projeto de Lei 122, vulgarizado como Lei anti-homofobia não existe mais. Para mudar o texto o PL volta para a origem na Câmara Federal e estamos mobilizados com a grande maioria para sepultar, aniquilar e tirar de vez da pauta do Congresso Nacional esta vontade cega dos homossexuais que não existe no contexto de uma sociedade que desenvolve com base nos valores coletivos e para todos.

Voltando à tramitação do projeto, em 2009, há novo requerimento de audiência pública, desta vez na Comissão de Assuntos Sociais; assim, a senadora relatora solicita novamente o processo para reexame. Após esse procedimento, são juntadas manifestações de várias entidades a favor ou contra a aprovação da lei, sendo o processo devidamente instruído naquela comissão.

Em janeiro de 2011, o projeto de lei é arquivado devido ao final daquela legislatura, sendo desarquivado no mês seguinte e reencaminhado à Comissão de Direitos Humanos e Legislação Participativa, onde se solicita nova audiência pública. No Plenário do Senado Federal, em junho de 2011, é entregue o manifesto "Em defesa da liberdade de expressão, religiosa e institucional, da livre manifestação do pensamento e contra a aprovação do Projeto de Lei da Câmara nº 122/2006", sendo autuado como "processo especial", passando a tramitar em conjunto com o projeto de lei.

O manifesto é assinado por várias denominações evangélicas, tendo sido iniciado na internet pelo anteriormente citado pastor Silas Malafaia, da igreja evangélica Assembleia de Deus, presente em muitas das discussões no Congresso Nacional sobre temas polêmicos, que envolvem a igreja na política. Em 01 de junho de 2011, realizou-se manifestação pacífica em frente ao Congresso Nacional, culminando na entrega do manifesto.

> Os cidadãos abaixo assinados vêm expressar seu REPÚDIO ao Projeto de Lei 122/2006 (PL 122), que, de forma preconceituosa, AFRONTA o sagrado direito constitucional da LIBERDADE DE EXPRESSÃO, sem considerar ainda as opções religiosas e sua liberdade garantida na Carta Magna, e atenta contra os mais básicos princípios de sustentação da família brasileira, seus costumes e sua formação. Também somos contra o Kit Escola sem homofobia (conhecido como Kit Gay), que o MEC pretende distribuir nas escolas públicas do Brasil.

Neste ponto, é importante abrir parênteses para mencionar a polêmica do (assim nomeado pela bancada evangélica) "kit gay", ocorrida em 2011 no Brasil. Trata-se de forte caso em que um grupo de pressão, no caso, a bancada evangélica, acaba por definir decisões, inclusive, do poder executivo, que lhe é estranho. De acordo com Severo (2016):

> Outro ponto fundamental da plataforma da bancada evangélica é a questão relacionada aos direitos da comunidade LGBTT. Vários já foram os ataques da bancada. O primeiro a criar polêmica diz respeito ao kit Escola sem Homofobia, erroneamente chamado pela bancada de "Kit gay". O material do Ministério da Educação seria distribuído entre escolas de ensino médio, buscando esclarecer questões a respeito da diversidade sexual e, assim, diminuir os preconceitos dentro das escolas e da sociedade. Os parlamentares da bancada evangélica, no entanto, ameaçaram não votarem mais nada até que o kit fosse recolhido e, se a presidenta Dilma aprovasse o material, iriam convocar o então ministro da Casa Civil, Antônio Palocci, para prestar depoimento sobre seu rápido enriquecimento. A "chantagem" deu resultado e a presidenta mandou suspender o kit, chamando-o de "inadequado".

Sobre o PL 122, somente em novembro de 2011, cinco meses após a entrega do manifesto evangélico, a audiência pública é realizada, sendo os autos encaminhados à nova relatora, senadora Marta Suplicy, que reformula o relatório, concluindo pela aprovação da matéria. É recebido ainda o voto de outra senadora, também a favor da lei. Porém, o projeto é retirado de pauta mais uma vez pela comissão.

Em 2013, o novo relator, senador Paulo Paim, apresenta parecer pela aprovação do projeto. No mesmo ano, é solicitado que o PL 122/2006 seja anexado ao Projeto de Lei do Senado nº 236/2012, que trata da reforma do Código Penal Brasileiro, o que é deferido. Assim, o projeto é encaminhado à Comissão de Constituição, Justiça e Cidadania. Em dezembro de 2014, é novamente arquivado o projeto de lei, devido ao final de mais uma legislatura, sendo arquivado definitivamente em 2017 pelo Senado Federal e em março de 2019 pela Câmara dos Deputados.

Conforme já citado, considerou-se, pelos defensores de ambos os posicionamentos, como definitivamente findo o projeto de lei, uma vez juntado ao projeto que discute a reforma do Código Penal. O deputado Jean Wyllys, um dos maiores defensores do PL 122, comentou o desfecho do projeto:

> No Twitter, o ativista gay e deputado federal Jean Wyllys (PSOL-RJ) queixou-se do final que o PL 122 teve no Senado, e atacou as lideranças evangélicas que lutaram pela reprovação do projeto enquanto ele tramitou. "Lamento a aprovação do requerimento do senador Eduardo Lopes (PRB-RJ) que apensa o PLC 122 ao projeto de reforma do Código Penal. Apesar do pedido de votação nominal feito pelos senadores Suplicy e Randolfe, não foi suficiente para superar os votos favoráveis. Na prática, isto significa o enterro definitivo de uma luta de 12 anos desde que o PLC 122 começou a tramitar no Congresso. As minhas críticas e questionamentos ao PLC são públicas, mas sempre defendi sua aprovação, mesmo achando necessário um debate mais amplo. Defendo porque a derrota desse projeto seria uma vitória do preconceito e dos discursos de ódio. Contudo, infelizmente, o que aconteceu hoje é o final de uma 'crônica de uma morte anunciada'. Longe de promover um debate sério, a bancada governista cedeu à chantagem dos fundamentalistas, como o gov. Dilma tem feito desde o início. Cada novo substitutivo do projeto, cada nova alteração, cada novo adiamento significou um retrocesso. Foi tanto o que cederam (para garantir o 'direito' dos fundamentalistas a pregar o ódio) que do PLC-122 original só restava o título. E foi esse título que enterraram hoje!", disse Wyllys. (CHAGAS, 2013).

Ainda acerca da "guerra" promovida pela Bancada Evangélica em face da tentativa de criminalização da homofobia, o deputado Eduardo Cunha apresentou em 2010 Projeto de Lei visando a criminalização da "heterofobia", no qual alega que as maiorias podem sofrer as mesmas discriminações que as minorias, devendo a Constituição ser utilizada como defesa de todos da mesma forma. Cita ainda a discussão, presente naquela época e ainda não finalizada atualmente, acerca da criminalização da homofobia. Eis o projeto e sua justificação:

PROJETO DE LEI nº 7382/2010
(Do Sr. Eduardo Cunha)

> Penaliza a discriminação contra heterossexuais e determina que as medidas e políticas públicas antidiscriminatórias atentem para essa possibilidade.

O Congresso Nacional decreta:

Art. 1º As medidas e políticas antidiscriminatórias respeitantes à orientação sexual adotadas pela administração pública federal devem abordar explicitamente os casos de discriminação contra heterossexuais.

Art. 2º O Poder Executivo, dentro de sua esfera de competência, penalizará os estabelecimentos comerciais e industriais e demais entidades que, por atos de seus proprietários ou prepostos, discriminem pessoas em função de sua heterossexualidade ou contra elas adotem atos de coação ou violência.

Art. 3º Os crimes resultantes de discriminação contra heterossexuais serão punidos na forma desta Lei.

Art. 4º Impedir, recusar ou proibir o ingresso ou a permanência em qualquer ambiente ou estabelecimento público ou privado, aberto ao público:

Pena – reclusão de um a três anos.

Art. 5º Preterir, sobretaxar ou impedir a hospedagem em hotéis, motéis, pensões ou similares.

Pena – reclusão de um a três anos.

Art. 6º Impedir ou restringir a expressão de afetividade em locais públicos ou privado abertos ao público:

Pena – reclusão de um a três anos.

Art. 7º Todos os cidadãos podem comunicar às autoridades as infrações a esta Lei.

Art. 8º Esta Lei entra em vigor na data de sua publicação.

JUSTIFICAÇÃO

A Constituição Federal de 1988 impõe ao Estado e à sociedade a obrigação de zelar pela igualdade e de opor-se a qualquer forma de discriminação contra pessoas ou grupos de pessoas em função de características ou preferências lícitas não compartilhadas pelo conjunto da população. Em geral, essa imposição constitucional tem sido pensada, principalmente, como um mecanismo de defesa de minorias. Não se pode esquecer, no entanto, que maiorias também podem ser vítimas de discriminação – e que as políticas públicas antidiscriminatórias não podem simplesmente esquecê-las. O caso das discriminações referentes à orientação sexual constitui um exemplo particularmente relevante do tipo de esquecimento de que tratamos aqui. Em vários municípios e estados brasileiros, foram promulgadas leis que, de uma maneira ou de outra, buscam legitimar a variedade de orientação sexual em nossa sociedade e criminalizar condutas que contra ela se levantem. No próprio Congresso Nacional, há proposições destinadas a consagrar essa postura no plano federal.

Ora, qualquer um que acompanhe a tramitação dessas proposições há de perceber claramente que a preocupação com grupos considerados minoritários tem escondido o fato de que a condição heterossexual também pode ser objeto de discriminação, a ponto de que se venha tornando comum a noção de heterofobia. O ocultamento dessa possibilidade em nada beneficia o rigor na abordagem da discriminação em nossa sociedade, pois limita o campo de observação dos analistas e a efetividade das políticas públicas. Se não se tem em conta as possíveis formas de discriminação contra heterossexuais ao se propor políticas públicas antidiscriminatórias referentes à orientação sexual pode-se transmitir a impressão de que a afetividade da pessoa homossexual, bissexual ou transgênero encontra-se em um patamar de relacionamento humano mais elevado que a afetividade heterossexual. Recorremos, por isso, às normas vigentes ou propostas em diplomas destinados a combater a homofobia para trazer essa discussão à tona, mas agora em sentido inverso. Talvez possamos, assim, dar à discussão sobre o tema, em andamento no Congresso Nacional, um maior equilíbrio.

Em parecer da relatora da Comissão de Direitos Humanos e Minorias (CDHM), deputada Erika Kokay, refutou-se totalmente a intenção do deputado, pois não há dados sobre violência ou discriminação aos heterossexuais em virtude de sua orientação sexual, assim como ocorre em relação aos homossexuais:

A proteção de minorias tem a ver com o próprio princípio democrático, em que as decisões são tomadas pelas maiorias, daí a necessidade de proteger aqueles que têm opiniões e orientações diferentes. A proteção às pessoas, de modo geral, já se encontra contemplada na legislação vigente, em diversos dispositivos legais, inclusive no que tange à discriminação em função de cor, raça e origem. Assim, não há motivo para se criarem novas leis para proteger quem já se acha devidamente protegido e resguardado. As agressões, assassinatos, humilhações e outras condutas discriminatórias que são praticadas contra homossexuais não são verificadas em relação aos heterossexuais, em função de sua orientação sexual.

Retirado de pauta e arquivado algumas vezes, o deputado propositor do projeto requereu o seu desarquivamento. Porém, o mesmo foi preso em outubro de 2016, na Operação Lava-Jato. Assim, o projeto continuou em tramitação por mais alguns anos, tendo sido arquivado definitivamente em 2019.

Também em 2015 houve a proposição do projeto de lei nº 1.804/2015, tratando da chamada "cristofobia".

PROJETO DE LEI Nº 1.804, 2015
(Do Sr. Rogério Rosso)

> Altera o art. 208 do Decreto-Lei nº 2.848, de 7 de dezembro de 1940 – Código Penal, para aumentar a pena; e altera a Lei nº 8072, de 25 de julho de 1990 para considerá-lo como crime hediondo.

O Congresso Nacional decreta:

Art. 1º - Esta Lei tem o objetivo de aumentar a pena do crime "ultraje a culto e impedimento ou perturbação de ato a ele relativo" tipificado no art. 208 do Código Penal, bem como, alterar a Lei nº 8.072/1990 para considerá-lo como crime hediondo.

Art. 2º O art. 208 do Decreto-Lei nº 2.848, de 7 de dezembro de 1940 – Código Penal, passa a vigorar com a seguinte redação:

"Art. 208-...
.... Pena - reclusão, de 4 (quatro) a 8
(oito) anos, e multa. ....
...." (NR)
Art. 3º Acrescenta inciso IX ao art. 1º da Lei nº 8.072, de 25 julho de 1990, com a seguinte redação:
"Art. 1º ....
.... IX- ultraje a culto
e impedimento ou perturbação de ato a ele relativo (art. 208).
....
.... "(NR)

Art. 4º Esta Lei entra em vigor na data da sua publicação.

O fato que originou o PL foi a manifestação de pessoa transexual em "Parada do Orgulho LGBT". A transexual encenou uma crucificação e o episódio gerou muita polêmica, especialmente entre a comunidade religiosa. Em justificação ao projeto, seu autor, o deputado católico Rogério Rosso, aduz:

> A presente proposição tem por fim aumentar a pena para o crime "ultraje a culto e impedimento ou perturbação de ato a ele relativo" tipificado no art. 208 do Código Penal, bem como considerá-lo com crime hediondo.
> A intenção desse projeto de lei é proteger a crença e objetos de culto religiosos dos cidadãos brasileiros, pois o que vem ocorrendo nos últimos anos em manifestações, principalmente LGBTS, é o que podemos chamar de "Cristofobia", com a prática de atos obscenos e degradantes que externam preconceito contra os católicos e evangélicos.
> Alguns manifestantes que participam de "Paradas LGBTS" ou "Parada Gay" têm zombado e desrespeitado a fé dos cristãos, agindo reiteradamente de forma desrespeitosa contra os símbolos do cristianismo.
> Para o Doutor Valmor Bolan, perito em Sociologia e conselheiro da Organização Universitária Interamericana (OUI-IOHE) no Brasil e, membro da Comissão Ministerial do Prouni (CONAP), "O fato mais chocante da parada gay deste ano, foi a forma como se apropriaram de uma frase (fora de con-

texto) do Evangelho, para insinuar que o amor proposto por Jesus seria também gay. E ainda mais usando imagens sagradas de santos católicos para ainda fazer as pessoas concluírem que tais santos eram gays. Tudo isso pode se resumir numa palavra pouco mencionada hoje em dia, mas tratou-se de um sacrilégio".

Assim, no intuito de proteger a liberdade de crença consagrada em nossa Constituição, é de suma importância a aprovação deste projeto, razão pela qual contamos com o apoio dos nobres pares.

O relator da CCJ, deputado e pastor evangélico Jefferson Campos, vota pela aprovação do projeto, alegando:

Não podemos tolerar que participantes de manifestações públicas, continuem a desrespeitar a fé cristã e os símbolos do cristianismo sem sofrer qualquer punição. Apesar de tal conduta já estar tipificada como crime em nosso ordenamento jurídico, a sanção atualmente cominada ao delito previsto no art. 208 do Código Penal é demasiadamente branda - detenção de um mês a um ano, ou multa, gerando uma sensação de impunidade que estimula os criminosos a levar adiante esse tipo de comportamento.

(...)

Da mesma forma, a proposição se mostra acertada ao incluir o citado delito no rol de crimes hediondos, pois as condutas previstas no art. 208 do Código Penal, além de causarem maior aversão e revolta à sociedade, representam a porta de entrada para crimes de ódio e perseguição religiosa, merecendo, assim, maior reprovação e repressão.

O projeto continua em tramitação na Câmara dos Deputados.

Verifica-se, portanto, que a Bancada Evangélica tumultua projetos de lei e votações sobre o tema "homofobia", por entender que a garantia de direitos de proteção a homossexuais feriria, de alguma forma, o seu entendimento bíblico, ainda que o objetivo do estado não seja o de tutelar indivíduos com base na Bíblia.

Lê-se no Antigo Testamento, em seu livro Levítico, capítulo 18, versículo 22: *"Com homem não te deitarás, como se fosse mulher; abominação é;"*. E ainda, no capítulo 20, versículo 13: *"Quando também um homem se deitar com outro homem, como com mulher, ambos fizeram abominação; certamente morrerão; o seu sangue será sobre eles."*

Em Romanos, capítulo 1, versículo 27:

> E, semelhantemente, também os homens, deixando o uso natural da mulher, se inflamaram em sua sensualidade uns para com os outros, homens com homens, cometendo torpeza e recebendo em si mesmos a recompensa que convinha ao seu erro.

Já no Novo Testamento, em Coríntios, capítulo 6, versículo 10:

> Não erreis: nem os devassos, nem os idólatras, nem os adúlteros, nem os efeminados, nem os sodomitas, nem os ladrões, nem os avarentos, nem os bêbados, nem os maldizentes, nem os roubadores herdarão o reino de Deus.

Assim, os políticos evangélicos do Congresso Nacional, interpretando a feitura das leis do mesmo modo como interpretam a Bíblia, não concordam com a disponibilização de novos direitos aos indivíduos homossexuais, eis que tal modificação poderia provocar a ira de Deus, recompensando com castigos dos mais diversos os seres humanos.

Em 2019, foi apensado a este PL o Projeto de Lei nº 2.544 de 2019, que visa proibir o vilipêndio de dogmas e crenças relativas à religião cristã sob forma de sátira, ridicularização ou menosprezo. Ambos os projetos continuam em tramitação até os dias atuais.

O STF, ultrapassando novamente sua alçada de competência, em junho de 2019 profere decisão que criminaliza a homofobia em todo o território nacional. Mais uma vez após a inércia do Poder Legislativo, por meio de ativismo judicial, o STF decide sobre questão polêmica que, ainda que votada futuramente pelo Congresso, dificilmente será modificada.

O julgamento da Ação Direta de Inconstitucionalidade por Omissão e Mandado de Injunção nº 4.733, finalizado em 23 de maio de 2019, decidiu por criminalizar atos de homofobia e transfobia, tendo o STF entendido que:

> (...) o estado de mora legislativa pode restar configurado tanto na fase inaugural do processo de elaboração das leis (mora agendi) quanto no estágio de deliberação sobre as proposições já veiculadas (mora deliberandi), desde que evidenciada, pela superação excessiva de prazo razoável, inércia abusiva e inconstitucional do Poder Legislativo.

Assim, a questão de criminalizar ou não a homofobia restou superada, embora não pelas vias convencionais, do Poder Legislativo, que arrastou a questão por mais de uma década. O Senador Marco Feliciano, um dos opositores ao projeto de lei inicial, criticou a decisão do STF, declarando, em uma rede social:

> Por anos nós lutamos no Congresso Nacional, nós debatemos o assunto, fizemos audiências públicas, e agora que estávamos criando uma lei que pudesse amparar a todos os interessados o STF quebra um acordo feito conosco, pois eles prometeram.

O acordo citado se referia a uma suposta negociação entre STF e a Bancada Evangélica do Congresso Nacional. O senador finalizou, alegando que após tal decisão, os cristãos brasileiros estarão em constante perigo.

3.3. ABORTO

Outro assunto polêmico à sociedade e à igreja, e com grandes dificuldades de modificação na legislação brasileira, é o aborto.

No Brasil, o aborto é crime previsto na lei penal e somente é permitido nos seguintes casos: quando não há outra forma de salvar a vida da gestante e quando a gravidez é resultante do crime de estupro e por isso a gestante deseja abortar.Porém, há uma discussão constante no Brasil, assim como em diversos países, se o aborto deveria ser legalizado (ou descriminalizado) para qualquer caso, levando-se em conta exclusivamente a liberdade de escolha da gestante.

Sendo crime ou não, muitas mulheres praticam o aborto, inclusive católicas e evangélicas, apesar de sua proibição religiosa. Segundo dados da Organização Mundial de Saúde (OMS), *"1 milhão de abortos ilegais são feitos por ano no país e matam uma mulher a cada dois dias"*. (SENRA, 2016). E isso gera um problema social e de saúde pública, pois os abortos clandestinos costumam afetar de diversas formas a saúde das mulheres, levando muitas, inclusive, à morte.

Deve-se levar em conta ainda que muitas mulheres sequer chegam a procurar atendimento médico, por temer as punições da lei criminal. Além disso, os gastos em decorrência de abortos mal feitos tendem a onerar o estado de forma significativa.

Verifica-se no sítio eletrônico de Dráuzio Varella, renomado médico brasileiro:

> Agora vejamos a questão social. Vivemos em um país extremamente desigual, e essa disparidade aparece quando analisamos o aborto no Brasil. As moças e mulheres que podem pagar até cerca de 5 mil reais pelo procedimento conseguem realizá-lo com um mínimo de segurança do ponto de vista médico. As pobres, infelizmente, estão sujeitas a todo tipo de agressão física e psicológica a que a situação clandestina lhes inflige. Entretanto, todas correm riscos ao se submeterem ao procedimento, como mostra a morte trágica e recente de Jandira dos Santos Cruz e Elisângela Barbosa, ambas no Rio de Janeiro. Do ponto de vista econômico, segundo o ginecologista Jefferson Drezett, coordenador do Ambulatório de Violência Sexual e de Aborto Legal do Hospital Pérola Byington, em São Paulo, **"os recursos que gastamos para tratar as graves complicações do aborto clandestino são muito maiores que os recursos de que precisaríamos para atender as mulheres dentro de um ambiente seguro e minimamente ético e humanizado"**. (VARELLA, 2014, Grifo nosso)

E ainda, segundo a Anistia Internacional Brasil, movimento ligado à Anistia Internacional Global, fundada na década de 1960 e presente em mais de 150 países:

> A confirmação das mortes de Jandira Magdalena dos Santos Cruz, de 27 anos, e Elisângela Barbosa, de 32 anos, após a realização de abortos clandestinos mal sucedidos no Rio de Janeiro, reforça a urgência do debate sobre o tema no país, afirmou a Anistia Internacional hoje (24). A organização defende que o aborto não seja tratado como uma questão criminal e sim de saúde pública e direitos humanos.
>
> "O aborto inseguro é a quinta causa de morte materna no Brasil, de acordo com o DataSUS. **Segundo estimativas da Organização Mundial de Saúde (OMS), cerca de 1 milhão de abortos ocorrem por ano no país, ou seja, mesmo sendo proibido, as mulheres não deixam de recorrer ao procedimento,** e se expõem a este tipo de situação que vimos acontecer com Jandira e Elisângela. Este é um tema que não pode mais ficar fora da agenda pública nacional", aponta Atila Roque, diretor executivo da Anistia Internacional Brasil. (Grifo nosso)

Os casos citados em ambas as páginas eletrônicas ocorreram no Rio de Janeiro em 2014, tendo grande repercussão jornalística, chamando a atenção do país e trazendo à tona, mais uma vez, a discussão dessa questão.

Jandira Magdalena dos Santos Cruz desapareceu após ter saído de casa para realizar aborto em clínica clandestina. Posteriormente, seu corpo foi encontrado mutilado e carbonizado; porém, verificou-se na investigação que a mesma teria morrido em decorrência do aborto mal sucedido. A quadrilha que realizava os abortos clandestinos teria desfigurado o corpo, visando evitar ser desbaratada.

Elisângela Barbosa também teve complicações após a realização de um aborto, tendo sido abandonada na rua, passando mal, em frente a uma comunidade em Niterói-RJ. Chegou a ser socorrida por populares, porém faleceu. Conforme noticiado, a autópsia realizada encontrou em seu corpo um tubo plástico.

Em evento realizado em 2010 na Câmara dos Deputados, intitulado "A Família, a Igreja e o Programa Nacional de Direitos Humanos/PNDH", em que se discutia, entre legisladores e ministros governistas, a implantação pelo então presidente da república Luis Inácio Lula da Silva do PNDH-3, o então Ministro de Direitos Humanos Paulo Vannuchi ponderou:

> Sobre a legalização do aborto, o Ministro Vannuchi ponderou que o Parlamento deve discutir a questão ainda por alguns anos, principalmente por conta dos dissensos entre parlamentares com convicções diferenciadas. Entretanto, os dissensos, segundo ele, não impedem de haver mudanças de opinião, pois, "reformulações aconteceram em todos os países europeus. Deste modo, países como Canadá e Estados Unidos enfrentaram, o mesmo debate, com plebiscito ou sem plebiscito, mas também com atritos envolvendo convicções religiosas e laicas", avaliou o Ministro.
> De todo modo, segundo o Ministro a questão do aborto é um grave problema de saúde pública no Brasil e no mundo. Deste modo, Vannuchi ressaltou que há recomendações da ONU, das Conferências do Cairo e de Pequim no sentido de que os países alterem, sempre que possível, as legislações punitivas sobre o aborto. O ministro ressaltou ainda que 56 países permitem a interrupção da gravidez, inclusive países católicos como a Espanha. Num aparte ao Ministro Vannuchi, o deputado Arlindo Chinaglia (PT/SP) considerou que o tema recai sobre uma questão "muito sensível" que não enseja consensos, nem nos partidos, nem nas famílias. Por isso, a despeito de "toda a orientação de todas as Igrejas, o fato é que a grande maioria do povo brasileiro, a quase totalidade é religiosa, entretanto o aborto acontece." (DUARTE, 2011, p. 134).

No entanto, o Brasil é o segundo país mais cristão do mundo, segundo pesquisa da organização norte-americana *Pew Research*, ficando atrás apenas dos Estados Unidos e à frente do México. Reformular esse tipo de legislação traduz-se, portanto, em tarefa árdua. Os evangélicos atuais são mais conservadores que a maioria dos católicos.

Mônia Medeiros Lasmar

Ainda assim, a Espanha, país efetivamente católico, legalizou a prática do aborto voluntário em 2010. Em 2014, passou perto de aprovar lei que proibiria novamente a prática, sofrendo protestos da população e de grupos de pressão. O projeto de lei foi retirado pelo governo, permanecendo legal a realização de abortos no país.

O que está em foco neste trabalho não é a legalização ou não do aborto, em si, e sim como este tema deveria ser discutido no Congresso Nacional, levando-se em conta as dúvidas jurídicas encontradas, se mereceriam maior proteção a vida do feto ou a liberdade da mãe, e assim por diante.

O que se põe em xeque é a utilização de argumentos unicamente religiosos para justificar a não descriminalização do aborto. A Constituição Federal prevê proteção à vida, e cabe, sim, debater publicamente onde a vida teria início, a fim de definir se a legislação sobre o assunto deverá ou não ser modificada. Porém, os debates não podem se pautar tão-somente em entendimentos religiosos. Aliás, nenhuma parte dos debates legislativos deveria ser religiosa, eis que o Brasil não possui religião oficial. Desta forma, as religiões de maior representatividade não deveriam se sobrepor às menores em questões públicas.

Assim, o entendimento religioso acerca do tema deve ser individual, ainda que a lei seja modificada. Se a legislação passa a permitir determinada conduta, não significa que todos terão que segui-la, posto que cada indivíduo é possuidor de sua convicção pessoal.

Se uma igreja decide proibir a prática de aborto, tal regra deve ser aplicada entre seus membros, e não perante toda a sociedade. E ainda assim não há como impedir o aborto, nem mesmo entre os seguidores de tal igreja.

No mesmo seminário já citado, realizado na Câmara dos Deputados, o deputado João Campos, então presidente da Frente Parlamentar Evangélica, lembrou aos presentes que cabe à igreja orientar primeiramente seus membros a respeito desses temas, uma vez que a "doutrinação" fora dela já ocorre.

Como impedir a realização de aborto por pessoas não religiosas, se este ocorre entre os membros da igreja?

> Por fim, o parlamentar fez uma consideração bem interessante. Segundo ele, as literaturas e pesquisas apontam que "o número de mulheres cristãs, sejam elas católicas ou evangélicas, que se submetem ao procedimento do aborto é significativo." Este fato, diz o parlamentar "nos conduz a uma reflexão de que antes das igrejas levarem uma mensagem pra fora, é preciso que a Igreja, as igrejas estejam conversando com seus fiéis". Ou seja, se a mensagem é ecoada repetidamente para fora dos muros da Igreja, ela também deve fazer parte do doutrinamento religioso. (DUARTE, 2011, p. 144)

Já o deputado José Duque, à época secretário da Frente Parlamentar Evangélica, explicita aos presentes o poder da religião sobre o processo legislativo, demonstrando que os parlamentares evangélicos conseguem impedir a feitura de leis que consideram errôneas, de acordo com a Bíblia:

> Segundo José Duque, secretário da FPE, mesmo os católicos praticantes serem poucos dentro do Parlamento "quem é mais contra o aborto é a Igreja Católica, quem mais luta [aqui dentro] contra é a Igreja Católica", mesmo sendo os evangélicos também contrários a interrupção da gravidez. Isso por que, a CNBB tem muita influência no jogo político da *Casa*.
>
> Entretanto, João Campos naquele seminário fez questão de dizer que "quem efetivamente tem colocado a cara em relação a criminalização da homofobia somos só nos, os evangélicos. E então, modéstia a parte, graças a nós deputados e senadores é que esse projeto não se converteu em lei. É bom que a gente aproveite uma oportunidade como essa pra dizer isso com muita clareza." (DUARTE, 2011, p. 111-112)

Ainda no mesmo evento:

> No início do evento, o deputado Henrique Afonso (PV/AC) explicitou que o objetivo daquele Seminário era "promover resultados práticos e transformadores, de uma Igreja militante, no seio da sociedade, de uma Igreja viva e transformadora". Assim,

o deputado conclamou a dissolução das diferenças doutrinais entre as Igrejas de Cristo a fim de "promover entre os irmãos através de uma cerimônia ecumênica de novo tipo a consciência de que o Brasil precisa ser transformado". Logo, é a Igreja que salvará o mundo e não o mundo que salvará a Igreja. Do mesmo modo, o deputado católico Miguel Martini (PHS/MG) afirmou que através da mobilização cristã no Congresso Nacional leis morais para a Nação poderiam ser elaboradas. Por isso mesmo, o parlamentar ressaltou que "É hora de cristãos batistas, católicos, presbiterianos, Assembleia de Deus, enfim, os que se consideram verdadeiramente cristãos se unirem. Nós não vamos nos unir pela doutrina, que as divergências vão acontecer. Elas acontecem dentro da nossa igreja. Dentro da sua igreja tem divergência. Nós não vamos por aí. **Mas se nós nos unificarmos na defesa das bandeiras do evangelho aí nós temos 100% de unidade. Porque todos nós somos contra o aborto, todos nós somos contra o casamento de homossexuais, porque é uma agressão. Todos nós somos contra o projeto 122 de homofobia, todos nós somos contra a adoção de crianças por casais homossexuais, todos nós somos contra essa cultura de morte que está por detrás desse Plano Nacional de Direitos Humanos."** (DUARTE, 2011, p. 110,Grifo nosso)

Portanto, verifica-se claramente que o objetivo dos parlamentares religiosos é o de defender a bandeira do evangelho dentro do Congresso Nacional, a despeito da laicidade do Estado.

O citado Programa Nacional de Direitos Humanos (PDH-3) é decreto do presidente da República, sendo esta a terceira versão implantada pelo ex-presidente Luis Inácio Lula da Silva, em 2009 e as duas anteriores pelo seu antecessor, o ex-presidente Fernando Henrique Cardoso, em 1996 e em 2002. Os programas foram implantados em seguimento à Convenção de Viena de 1993, em que se orientou que os países implantassem programas nacionais de direitos humanos.

Contudo, o PNDH 3, apesar de muito parecido com o plano anterior, previa direitos que desagradaram prontamente a bancada religiosa do Congresso Nacional, que pressionou o poder executivo no sentido de voltar atrás, como no caso da legalização do aborto. O texto do PNDH 3 assim previa, como uma das atribuições ao Ministério da Saúde, à Secretaria Especial de Políticas para as Mulheres da Presidência da República e ao Ministério da Justiça: *"Apoiar a aprovação do projeto de lei que descriminaliza o aborto, considerando a autonomia das mulheres para decidir sobre seus corpos."*

Após a pressão exercida pelos parlamentares religiosos, o texto passou a ser: *"Considerar o aborto como tema de saúde pública, com a garantia de acesso aos serviços de saúde."* Do mesmo modo, modificou-se o artigo que previa à Secretaria Especial dos Direitos Humanos da Presidência da República *"Desenvolver mecanismos para impedir a ostentação de símbolos religiosos em estabelecimentos públicos da União."* para:

> Estabelecer o ensino da diversidade e história das religiões, inclusive as derivadas de matriz africana, na rede pública de ensino, com ênfase no reconhecimento das diferenças culturais, promoção da tolerância e na afirmação da laicidade do Estado.

Sendo assim, não há dúvidas de que um parlamento que possua forte viés religioso interfira diretamente em assuntos políticos dos mais variados.

Ainda que não seja atribuição do poder executivo legislar sobre o aborto, a sua tentativa em apoia-lo também falhou, na medida em que o governo se faz principalmente por alianças. Caso o presidente não voltasse atrás em sua posição acerca da descriminalização do aborto, poderia perder o apoio do Congresso em outros temas a ele relevantes.

Deste modo, o Brasil continua com diversos projetos de lei sobre o tema em andamento, porém sem solução aparente.

Em 1991, foi apresentado na Câmara dos Deputados o Projeto de Lei nº 1135/1991, suprimindo do Código Penal o artigo que trata do aborto, liberalizando o mesmo, portanto.

O Relatório da Comissão de Seguridade Social e Família citou todos os projetos anexados ao inicial, de 1991:

COMISSÃO DE SEGURIDADE SOCIAL E FAMÍLIA
PROJETO DE LEI Nº 1135/91

> "Suprime o artigo 124 do Código Penal Brasileiro". Autores: Deputados Eduardo Jorge e Sandra Starling Relatora: Deputada Jandira Feghali

I – RELATÓRIO

O Projeto de Lei nº 1135/91 de autoria dos Deputados Eduardo Jorge e Sandra Starling foi apresentado em 1991, Foram apensados à proposta inicial os seguintes projetos de lei
1. PL - 176/91, do Dep. José Genoíno, que "Dispõe sobre a opção da interrupção da gravidez.", permitindo a livre interrupção até 90 dias de gestação. Para realização basta reivindicação da gestante, sendo a rede pública é obrigada a realizar o aborto
2. PL - 3280/92, do Dep. Luiz Moreira, que Autoriza a interrupção da gravidez até a 24ª semana nos casos previstos no projeto. A interrupção é autorizada até a 24ª semana quando o feto apresentar graves e irreversíveis anomalias físicas e mentais. Basta para do consentimento da gestante, cônjuge ou representante legal e da autorização de um médico que não seja o que realizará o aborto,
3. PL - 1174/91, dos Dep. Eduardo Jorge e Sandra Starling, que dá nova redação ao artigo 128 do Decreto Lei n.º 2848, de 07 de dezembro de 1940 - Código Penal. Este projeto deixa de se punir o aborto quando:
• gravidez determinar perigo de vida ou a saúde física e psíquica da gestante.
• constatada enfermidade grave e hereditária ou se moléstia ou intoxicação ou acidente sofrido pela gestante comprometer a saúde do nascituro.
• resulta de estupro (antecedido de consentimento da gestante).
• Comprovada que a mulher estiver contaminada pelo vírus HIV.
• Realizado mediante diagnóstico por escrito.

- Casos de dúvida sobre o parecer uma comissão multiprofissional da Unidade de saúde será chamada e deverá apresentar parecer em 05 dias.
- Deverá ser realizado no máximo 07 dias após a apresentação do diagnóstico ou parecer da comissão.
- Será realizada pelo SUS.
- Fica assegurado ao médico direito de escusar do abortamento.

4. PL - 1956/96, da Dep. Marta Suplicy, que autoriza a interrupção da gravidez nos casos que menciona. Pela proposta fica autorizada a interrupção da gravidez quando o produto da concepção não apresentar condições de sobrevida em decorrência de malformação incompatível com a vida ou doença degenerativa incurável, ou quando for constatada por meio científico impossibilidade de vida extrauterina. Para realização do procedimento basta o consentimento da gestante ou representante legal.

5. PL - 1956/96, do Dep. Wigberto Tartuce, que permite às mulheres estupradas por parentes a interrupção da gravidez.

6. PL 4703/98, do Dep. Francisco Silva, e o PL 4917/01, do Dep. Givaldo Carimbão, que procuram tipificar o aborto, como crime hediondo. Finalizando, o projeto assegura ao médico a possibilidade de se escusar do abortamento por razões de consciência de acordo com o Código de Ética Médica. No prazo regimental não foram apresentadas emendas.

II - VOTO DA RELATORA

A América Latina e o Caribe têm se destacado por ser uma região onde existem as maiores restrições à interrupção da gravidez. As leis punitivas desses países acabam levando as mulheres à clandestinidade, a realizar abortos em condições precárias e cujas complicações e sequelas se transformam em um grave problema de saúde pública.

O aborto é responsável por uma em cada 8 mortes maternas, e o acesso a serviços de aborto seguro poderiam evitar entre 20 e 25% do meio milhão de mortes maternas que ocorrem anualmente nos países em desenvolvimento.

A taxa de mortalidade materna teve uma redução significativa em alguns países das Américas, quando o aborto começou a

Mônia Medeiros Lasmar

ser legalizado nessa região, no inicio da década de 1970. Um ano após a sua legalização em Nova Iorque (em 1971), a taxa de mortalidade materna havia diminuído 45%. Entre 1973 (quando o aborto foi legalizado em todo os EUA) e 1990, o número de mortes decorrentes do aborto diminuiu 10 vezes. No restante das Américas onde a legislação foi flexibilizada os dados se repetem. Em Cuba houve uma redução de 60%. Lá o Estado assumiu a responsabilidade pelos serviços. Em Porto Rico a prática do aborto é 4 vezes mais segura que a de um parto e na Guiana, primeiro país da América do Sul a legalizar o aborto, ocorreu uma redução de 65% nas complicações decorrentes do aborto, que eram a 3ª causa de hospitalização no país. No Brasil a situação é outra. O país está entre os que apresentam as maiores restrições à interrupção voluntária da gravidez. Como consequência os dados são alarmantes. Segundo o Ministério da Saúde, em média 250 mil mulheres são internadas anualmente com complicações decorrentes de abortos clandestinos. Em 1991 o número de curetagens pós abortamento, realizadas na rede pública de saúde, ultrapassou os 340 mil, sendo aproximadamente 20% desse total em adolescentes (10-19 anos). Somente em 1997 foram 240 mil internações de adolescentes para realização deste procedimento.

Sabemos, através da Organização Mundial de Saúde (OMS), que milhões de mulheres são submetidas a esta prática cirúrgica, e, mesmo nos casos previstos em lei, as mulheres não recebem o tratamento adequado, tendo todas, salvo em raríssimas exceções, recorrido aos serviços de clínicas clandestinas. Economicamente, a ilegalidade do aborto assegura tão somente a existência de clínicas particulares clandestinas, o que gera a impossibilidade de fiscalização por parte das autoridades competentes, além de abusos e corrupção. A ilegalidade também é responsável pelos altos gastos, por parte dos serviços de saúde pública, no atendimento às mulheres com doenças e sequelas provenientes de aborto mal feito. Encontramos nesses casos, principalmente, as mulheres de baixo poder aquisitivo, cuja situação financeira não permite acesso a um atendimento adequado, submetendo-se a auto-abortos ou impelidas a buscarem ajuda de pessoas não treinadas.

O relatório da CPI da Mortalidade Materna, da Câmara dos Deputados, aponta alguns aspectos mundiais do fenômeno das mortes maternas sistematizados em documento da Organização Mundial de Saúde "Redução da Mortalidade Materna", de 1999. "Segundo este texto, a causa de morte materna mais comum em todo o mundo é a hemorragia. Um quarto das mortes são atribuíveis a ela, especial quando não existe estrutura de atendimento, drogas ou transfusões para contê-la, sendo esse índice agravado em países onde o aborto é ilegal. As infecções causam 15% dos óbitos, geralmente conseqüentes a más condições de higiene durante o parto ou por doenças sexualmente transmissíveis não tratadas ou por tentativas de aborto sem as devidas condições de higiene e sanitárias. As complicações de abortos chegaram a causar 13% das mortes maternas, embora em algumas partes do mundo ele chegue a provocar um terço delas. No Brasil, em 1998, provocou 5% delas. A questão do aborto pode, na verdade, ser ainda mais importante do que esse índice aponta, pois é razoável considerar a existência de uma subnotificação geral sobre o aborto, devido à ilegalidade da prática em inúmeros países em desenvolvimento. É provável que os índices de infecções e hemorragias encubram seqüelas de tentativas de aborto em más-condições, fazendo com que a questão do aborto não seja considerada a terceira causa, mas algo ainda mais importante e urgente de ser discutido sobre a mortalidade materna." Na tabela abaixo podemos constatar as internações por aborto provocado.

Tabela: Internações por aborto provocado com base nas AIH (CID 630 a 639). Sistema SUS- Brasil, 1984 a 1993.

REGIÕES	1984	1985	1986	1987	1990	1991	1992	1993
NORTE	3.127	2.660	2.306	2.303	6.058	12.402	19.214	17.539
NORDESTE	36.116	30.407	29.364	42.300	95.311	135.374	137.295	108.299
SUDESTE	99.805	90.448	86.842	95.559	120.758	145.132	140.660	117.556
SUL	28.016	22.446	23.751	25.503	27.499	29.553	28.603	24.596
C. OESTE	7.718	5.930	5.416	6.637	14.876	19.450	19.382	16.541
BRASIL	147.482	151.847	147.679	172.302	264.484	341.911	345.164	284.531

Fonte: DATASUS/MG

Mônia Medeiros Lasmar

Não podemos descartar os fatores morais que condenam a realização do aborto. A sua legalização pode ser uma forma de evitar o constrangimento das famílias. Por ser o aborto um tema que vem provocando sérias discussões religiosas, sociais, políticas e éticas, as tentativas de mediação do problema no Brasil são ainda muito precárias. É urgente que o tema do aborto seja discutido de forma democrática e tolerante na esfera legislativa brasileira, de forma a contemplar não apenas as posições religiosas ou morais de determinadas parcelas da sociedade, mas, principalmente, a pluralidade de posições e crenças que caracterizam toda a sociedade brasileira.

Em duas conferências, realizadas nas cidades do Cairo, no Egito, e Beijing, na China, representantes de 180 países de todo o mundo concordaram com uma extensa série de recomendações para tratar da problemática do aborto. Na Conferência Internacional sobre População e Desenvolvimento (Cairo) partiu-se do reconhecimento de que o aborto "realizado em condições não adequadas" é um problema de saúde pública e que as mulheres que tenham recorrido a sua prática devem ser atendidas de maneira pronta e humanitária.

Já a conferência em Beijing alerta que "...Quaisquer medidas ou alterações relacionadas com o aborto no âmbito do sistema de saúde só podem ser determinadas em nível nacional ou local, de conformidade com o processo legislativo nacional...", e que devemos "...Considerar a possibilidade de reformar as leis que prevêem medidas punitivas contra as mulheres que tenham sido submetidas a abortos...".

De mérito inquestionável, o presente Projeto merece, no entanto, aperfeiçoamentos na sua redação, para sua plena efetividade. É neste sentido que apresentamos um substitutivo ao referido Projeto.

Nesses termos, somos pela aprovação dos PL's 1135/91, 176/91, 1974/91, 3280/92, 1174/91, 2929/97, 1956/96, na forma do substitutivo apresentado pela relatora e pela rejeição dos PL's 4703/98 e 4917/01.

É o voto.

A este projeto, foram apensados vários outros, inclusive em sentido totalmente contrário, visando à tipificação do aborto como crime hediondo, para fazer com que assim, além de continuar a ser punido criminalmente, o aborto passasse a ser qualificado, sofrendo punição mais rigorosa. Um deles é o projeto de lei nº 4.703/98, de autoria do então deputado evangélico Francisco Silva.

Cumpre informar que a Lei dos Crimes Hediondos define que todos os crimes a ela submetidos deverão ter sua pena cumprida inicialmente em regime fechado, e ainda, a progressão de regimes de cumprimento da pena – ou seja, a mudança do regime fechado para o semiaberto e deste para o aberto – se dá de forma mais rigorosa (após mais tempo) que nos crimes comuns.

Desde 1998 até os dias atuais, o PL 4703/98 passou por diversos requerimentos dos deputados, por quase dez anos, sem a devida apreciação. Os requerimentos eram basicamente pelo desarquivamento de projetos antigos sobre o mesmo tema.Somente em 2007 o processo foi "saneado", separando as diversas proposições de lei por sub assuntos, conforme publicado no Diário da Câmara dos Deputados:

(...) 1 – **ASSUNTO: Descriminalização do aborto** Principal: PL nº 1.135/91 Apensado: PL nº 176/95 (já apensado) Despacho: desapensem-se os PL nºs 1.174/91, 3.280/92, 1.956/96, 2.929/97, 4.703/98, 4.917/01, 7.235/02, 3.744/04, 4.304/04, 4.834/05, 5.166/05, 5.364/05 e 660/07 do PL nº 1.135/91

2 – **ASSUNTO: Aborto Legal (art. 128 do Código Penal)** Principal: PL nº 1.174/91 Apensados: PL. nºs 3.280/92, 1.956/96, 2.929/97, 3.744/04, 4.304/04, 4.834/05 e 660/07 Despacho: CSSF e CCJC (mérito e art. 54, RICD) Regime de tramitação: ordinário Apreciação: proposição sujeita à apreciação do Plenário Apensem-se os PL nºs 3.280/92, 1.956/96, 2.929/97, 3.744/04, 4.304/04, 4.834/05 e 660/07 ao PL nº 1.174/91

3 – **ASSUNTO: Aborto como crime hediondo (Lei nº 8.072/90)** Principal: PL. nº 4.703/98 Apensado: PL. nº 4.917/01 Despacho: CCJC (mérito e art. 54, RICD) Regime de tramitação: ordinário Apreciação: proposição sujeita à apreciação do Plenário Apense-se o PL nº 4.917/01 ao PL nº 4.703/98

4 – **ASSUNTO: criminalização do aborto necessário e do aborto no caso de gravidez resultante de estupro (revoga o art. 128**

do **Código Penal)** Principal: PL n° 7.235/02 Apensado: PL n° 5.364/05 Despacho: CSSF e CCJC (mérito e art. 54, RICD) Regime de tramitação: ordinário Apreciação: proposição sujeita à apreciação do Plenário Apense-se o PL n° 5.364/05 ao PL n° 7.235/02
5 – **Assunto: criminalização do aborto de feto anencefálico** Principal: PL n° 1.459/03 Apensado: PL n° 5.166/05 Despacho: CSSF e CCJC (mérito e art. 54, RICD) Julho de 2007 DIÁRIO DA CÂMARA DOS DEPUTADOS Quarta-feira 4 33837 Regime de tramitação: ordinário Apreciação: proposição sujeita à apreciação do Plenário Apense-se o PL n° 5.166/05 ao PL n° 1.459/03. (…) (Grifo nosso)

Depois disso, houve o primeiro encaminhamento do projeto às Comissões de Seguridade Social e Família e de Constituição e Justiça e de Cidadania, tendo o primeiro relatório em 2008, rejeitado as *"opções extremas em relação ao tema"*, contra ou a favor do aborto, discutindo-se, dentre essas, apenas a proposta original, de 1991, que trata da legalização total do aborto, bem como suas propostas decorrentes.

Após tal posição do primeiro relator, foram designados outros dois, que devolveram o processo sem qualquer manifestação, sendo o último o deputado Pastor Pedro Ribeiro, em 2009. Em voto separado, em 2007, diretamente apresentado ao PL 1.135/91, pelo deputado pastor Manoel Ferreira, há, entre o rol de motivos para a não legalização do aborto, alegações abertamente fundamentadas na religião:

Diante do exposto e levando-se em consideração a tradição moral cristã que sempre pugna pela defesa dos mais vulneráveis, como é o caso das crianças, dos órfãos, dos idosos e das viúvas, o aborto nunca é uma solução dignificante, nem para quem o pratica, nem para a mulher que a ele se submete, e muito menos para a criança inocente.
A vida humana merece respeito, qualquer que seja o seu estágio ou fase, devido à sua dignidade essencial. É uma clara violação da vontade de Deus, revelada nas Escrituras Sagradas. O quinto mandamento declara precisamente: "não matarás" (Êxodo 20:13). Encontramos ainda na Bíblia, no texto contido

no Salmo 139: 13-16, a revelação inequívoca de que Deus valoriza a vida humana desde a concepção:

"Foste tu que formaste todo o meu ser; formaste-me no ventre de minha mãe (...) Conheces intimamente o meu ser. Quando os meus ossos estavam a ser formados, sem que ninguém o pudesse ver; quando eu me desenvolvia em segredo, nada disso te escapava. Tu viste-me antes de eu estar formado. Tudo isso estava escrito no teu livro; tinhas assinalado todos os dias da minha vida, antes de qualquer deles existir."

Não tão diverso, o relator deputado Jorge Tadeu Mudalen também vota pela rejeição do projeto que descriminaliza o aborto, finalizando o seu parecer com os seguintes dizeres:

Não poderia finalizar este voto, contudo, sem expressar a minha mais íntima posição pessoal sobre o valor imensurável da vida desde a concepção, e não haveria melhores palavras para dizê-lo do que as que encontro no Livro Sagrado, vertidas da boca do Profeta Jeremias: "Antes que eu te formasse no ventre materno, eu te conheci, e, antes que saísses da madre, te consagrei, e te constituí profeta às nações" (1-5).
Diante do exposto, manifestamo-nos pela rejeição no mérito dos PLs nº 1.135, de 1991, e 176, de 1995.

Os deputados favoráveis ao aborto fundamentam-se em dados relativos à saúde pública, bem como em discussões científicas acerca do momento em que o feto é considerado ser com vida.

Em 2008 a Comissão de Constituição e Justiça e Cidadania aprova requerimento de audiência pública para discussão do tema, para ouvir os seguintes convidados:

(...) o Ministro da Saúde, Dr. José Gomes Temporão; o Presidente da CNBB, Dom Geraldo Lyrio Rocha; o Ministro do STF, Dr. Carlos Alberto Menezes Direito; o Pastor Silas Malafaia; o Reverendo da Catedral Presbiteriana do Brasil, no Rio de Janeiro, Senhor Guilhermino Cunha; o Presidente da Convenção das Igrejas Assembléia de Deus, no Rio de Janeiro, Pastor Abner Ferreira; o Presidente da Convenção das Igrejas Assembléia de Deus, em Tocantins, ex- Deputado Federal, Pastor Amarildo e a ex- Senadora Heloísa Helena (...)

Pode-se verificar que a maioria dos membros a serem ouvidos são de igrejas, sendo apenas um dos convidados especialista em medicina, o Ministro da Saúde e também médico José Gomes Temporão e um deles especialista em direito, o Ministro do Supremo Tribunal Federal, Carlos Alberto Menezes Direito.

No mesmo ano, o deputado relator da CCJC, o evangélico Eduardo Cunha, apresenta seu relatório, colacionando argumentos filosóficos, jurídicos e biológicos, sem adentrar a esfera religiosa, votando pela rejeição do projeto que prevê a legalização do aborto.Em 2011, o projeto é arquivado, junto com seus apensos.

Sem qualquer movimentação, as propostas permaneceram arquivadas até o ano de 2011, quando foi designado novo relator ao projeto 4.703/98, da Comissão de Seguridade Social e Família, Dr. Paulo César. Insta salientar que o deputado é integrante da "Frente Parlamentar Mista em Defesa da Vida – Contra o Aborto", frente esta que conta com 192 deputados e 13 senadores signatários e é fortemente apoiada por entidades evangélicas.

Em seu voto, o deputado rejeitou todas as propostas, tanto em relação à legalização do aborto, quanto em prol de transforma-lo em crime hediondo, opinando para que seja dada efetiva eficácia à lei já existente, qual seja, o crime de aborto previsto no código penal, pelo qual dificilmente há punição no Brasil.

Após esse parecer, o processo foi recebido na Comissão de Constituição e Justiça e Cidadania. Cumpre salientar que todos os projetos de lei apresentados na Câmara dos Deputados, não importando o assunto, passam necessariamente por esta comissão, que tem como atribuições verificar aspectos constitucionais e tecnicidade jurídica dos projetos de lei, dentre outras.

Em 2013, o deputado e pastor Marco Feliciano solicita em plenário a redistribuição do processo à Comissão de Direitos Humanos e Minorias, por entender que a proteção à vida é tema a ser tratado nesta comissão, devido à sua relação direta com os direitos humanos. Em 2015, o processo sofre novo arquivamento.

Em março de 2016, foi apensado ao PL 4.703/98 mais um projeto de lei no mesmo sentido, o PL 4.646/2016, de autoria do deputado católico e eleito pela primeira vez em 2014, Flavinho, visando criar mais um tipo penal para o crime de aborto, qual seja, o *"auxílio, induzimento ou instigação ao aborto"*.

PROJETO DE LEI Nº 4.646, DE 2016
(Do Sr. Flavinho)

> Altera o Decreto-Lei Nº 2.848, de 7 de dezembro de 1940 e a Lei Nº 8.072, de 25 de julho de 1990, para tipificar o crime de auxílio, induzimento ou instigação ao aborto e dá outras providências.

O Congresso Nacional decreta:

Art. 1º. Esta Lei altera o Decreto-Lei Nº 2.848, de 7 de dezembro de 1940 e a Lei Nº 8.072, de 25 de julho de 1990, para tipificar o crime de auxílio, induzimento ou instigação ao aborto e dá outras providências.

Art. 2º. O Artigo 124 do Decreto-Lei Nº 2.848, de 7 de dezembro de 1940 passa a vigorar com a seguinte redação:

"Art. 124. ....

Pena – reclusão, de um a quatro anos." (NR)

Art. 3º. O Decreto-Lei Nº 2.848, de 7 de dezembro de 1940 passa a vigorar acrescido do seguinte Artigo 124-A:

"Auxílio, induzimento ou instigação ao aborto

Art. 124-A. Auxiliar, induzir ou instigar a provocação de aborto.

Pena – reclusão, de três a dez anos."(AC)

Art. 4º. O Artigo 124 do Decreto-Lei Nº 2.848, de 7 de dezembro de 1940 passa a vigorar com a seguinte redação:

"Art. 126. ....

Pena – reclusão, de três a dez anos." (NR)

Art. 5º. O Artigo 1º, da Lei Nº 8.072, de 25 de julho de 1990, passa a vigorar acrescido do seguintes Incisos IX, X e XI:

"IX – Aborto provocado pela gestante ou com seu consentimento (art. 124).

X – auxílio, induzimento ou instigação à provocação de aborto (art. 124-A).

XI – Aborto provocado por terceiro (arts. 125 e 126)." (AC)
Art. 6º. Esta lei entra em vigor na data da sua publicação.

Como justificação, o deputado apresentou:

A Constituição Federal, estabelece a inviolabilidade do direito à vida, contido expressamente no art. 5º.

A vida, tal como disposto na Constituição Federal, deve ser compreendida como vida plena, desde a sua concepção até o seu declínio natural.

Por essa razão, apresentamos a presente proposição que visa salvaguardar a plenitude da vida e garantir que o texto constitucional não seja letra morta.

O presente Projeto de Lei busca a proteção do direito à vida humana, mesmo a vida uterina.

Assim, em análise da legislação penal vigente, é possível constatar uma lacuna que permite a impunidade de pessoas que atentam contra a vida manipulando psicologicamente de modo a instigar ou induzir ou mesmo auxiliando irregularmente a provocação de aborto.

Por tal razão, se mostrou necessária a tipificação da conduta penal descrita como auxílio, induzimento ou instigação ao aborto.

Por oportuno e considerando que o mesmo rigor é atribuído, por exemplo, aos crimes que atentam contra a liberdade sexual (estupro), realizou-se a majoração das penas previstas para o crime previsto no artigo 124 do código penal e classificou-se como hediondos os crimes relacionados tanto à prática do aborto, quanto ao novo tipo penal de auxílio, induzimento ou instigação ao aborto.

O sujeito ativo, ou seja, aquele que pode praticar o delito, no novo tipo penal, pode ser qualquer pessoa, exceto a própria gestante, que possui previsão para a sua conduta no caput do artigo 124 do Código Penal.

O elemento subjetivo, é a vontade do agente que, nesse crime é a de induzir, instigar ou auxiliar no aborto e deve ser uma vontade séria, sem nenhum tipo de tom de brincadeira.

Quanto à reclassificação dos demais tipos penais como crimes hediondos, ressaltamos, por fim, que não há nada mais hediondo que o atentado contra a vida de quem não pode se defender.

Por tudo quanto exposto, conclamo os nobres pares a envidar os esforços necessários para a aprovação do presente Projeto de Lei.

Foi determinado, em março de 2016, o apensamento ao aqui já citado PL 4.703/98, que dá ao aborto *status* de crime hediondo. Um dos projetos de lei mais representativos envolvendo o crime de aborto é o chamado "Estatuto do Nascituro", de 2007. Este é o texto na íntegra:

PROJETO DE LEI Nº 478/2007

> Dispõe sobre o Estatuto do Nascituro e dá outras providências.

O Congresso Nacional decreta:

Das disposições preliminares

Art.1º Esta lei dispõe sobre a proteção integral ao nascituro.
Art. 2º Nascituro é o ser humano concebido, mas ainda não nascido.
Parágrafo único. O conceito de nascituro inclui os seres humanos concebidos "in vitro", os produzidos através de clonagem ou por outro meio científica e eticamente aceito.
Art. 3º O nascituro adquire personalidade jurídica ao nascer com vida, mas sua natureza humana é reconhecida desde a concepção, conferindo-lhe proteção jurídica através deste estatuto e da lei civil e penal.
Parágrafo único. O nascituro goza da expectativa do direito à vida, à integridade física, à honra, à imagem e de todos os demais direitos da personalidade.
Art. 4º É dever da família, da sociedade e do Estado assegurar ao nascituro, com absoluta prioridade, a expectativa do direito à vida, á saúde, à alimentação, à dignidade, ao respeito, à liberdade e à convivência familiar, além de colocá-lo a salvo de toda forma de negligência, discriminação, exploração, violência, crueldade e opressão.
Art. 5º Nenhum nascituro será objeto de qualquer forma de negligência, discriminação, exploração, violência, crueldade e opressão, sendo punido, na forma da lei, qualquer atentado, por ação ou omissão, à expectativa dos seus direitos.

Mônia Medeiros Lasmar

Art. 6º Na interpretação desta lei, levar-se-ão em conta os fins sociais a que ela se dirige, as exigências do bem comum, os direitos e deveres individuais e coletivos, e a condição peculiar do nascituro como futura pessoa em desenvolvimento.

Dos direitos fundamentais

Art. 7º O nascituro deve ser objeto de políticas sociais públicas que permitam seu desenvolvimento sadio e harmonioso e o seu nascimento, em condições dignas de existência.

Art. 8º Ao nascituro é assegurado, através do Sistema Único de Saúde – SUS, o atendimento em igualdade de condições com a criança.

Art. 9º É vedado ao Estado e aos particulares discriminar o nascituro, privando-o da expectativa de algum direito, em razão do sexo, da idade, da etnia, da origem, da deficiência física ou mental ou da probabilidade de sobrevida.

Art. 10º O nascituro deficiente terá à sua disposição todos os meios terapêuticos e profiláticos existentes para prevenir, reparar ou minimizar sua deficiências, haja ou não expectativa de sobrevida extra-uterina.

Art. 11 O diagnóstico pré-natal respeitará o desenvolvimento e a integridade do nascituro, e estará orientando para sua salvaguarda ou sua cura individual.

§ 1º O diagnóstico pré-natal deve ser precedido do consentimento dos pais, para que os mesmos deverão ser satisfatoriamente informados.

§ 2º É vedado o emprego de métodos de diagnóstico pré- natal que façam a mãe ou o nascituro correrem riscos desproporcionais ou desnecessários.

Art. 12 É vedado ao Estado e aos particulares causar qualquer dano ao nascituro em razão de um ato delituoso cometido por algum de seus genitores.

Art. 13 O nascituro concebido em um ato de violência sexual não sofrerá qualquer discriminação ou restrição de direitos, assegurando-lhe, ainda, os seguintes:

I – direito prioritário à assistência pré-natal, com acompanhamento psicológico da gestante;

II – direito a pensão alimentícia equivalente a 1 (um) salário mínimo, até que complete dezoito anos;

III – direito prioritário à adoção, caso a mãe não queira assumir a criança após o nascimento.

Parágrafo único. Se for identificado o genitor, será ele o responsável pela pensão alimentícia a que se refere o inciso II deste artigo; se não for identificado, ou se for insolvente, a obrigação recairá sobre o Estado.

Art. 14 A doação feita ao nascituro valerá, sendo aceita pelo seu representante legal.

Art. 15 Sempre que, no exercício do poder familiar, colidir o interesse dos pais com o do nascituro, o Ministério Público requererá ao juiz que lhe dê curador especial.

Art. 16 Dar-se-á curador ao nascituro, se o pai falecer estando grávida a mulher, e não tendo o poder familiar. Parágrafo único. Se a mulher estiver interdita, seu curador será o do nascituro.

Art. 17 O nascituro tem legitimidade para suceder.

Art. 18 A mulher que, para garantia dos direitos do filho nascituro, quiser provar seu estado de gravidez, requererá ao juiz que, ouvido o órgão do Ministério Público, mande examiná-la por um médico de sua nomeação.

§ 1º O requerimento será instruído com a certidão de óbito da pessoa, de quem o nascituro é sucessor.

§ 2º Será dispensado o exame se os herdeiros do falecido aceitarem a declaração do requerente.

§ 3º Em caso algum a falta do exame prejudicará os direitos do nascituro.

Art. 19 Apresentado o laudo que reconheça a gravidez, o juiz, por sentença, declarará a requerente investida na posse dos direitos que assistam ao nascituro.

Parágrafo único. Se à requerente não couber o exercício do poder familiar, o juiz nomeará curados ao nascituro.

Art. 20 O nascituro será representado em juízo, ativa e passivamente, por quem exerça o poder familiar, ou por curador especial.

Art. 21 Os danos materiais ou morais sofridos pelo nascituro ensejam reparação civil.

Mônia Medeiros Lasmar

Dos crimes em espécie

Art. 22 Os crimes previstos nesta lei são de ação pública incondicionada.

Art. 23 Causar culposamente a morte de nascituro.

Pena – detenção de 1 (um) a 3 (três) anos.

§ 1º A pena é aumentada de um terço se o crime resulta de inobservância de regra técnica de profissão, arte ou ofício, ou se o agente deixa de prestar imediato socorro à vítima, não procura diminuir as consequências do seu ato, ou foge para evitar prisão em flagrante.

§ 2º O Juiz poderá deixar de aplicar a pena, se as consequências da infração atingirem o próprio agente de forma tão grave que a sanção penal se torne desnecessária.

Art. 24 Anunciar processo, substância ou objeto destinado a provocar aborto:

Pena – detenção de 1 (um) a 2 (dois) anos e multa.

Parágrafo único. A pena é aumentada de um terço se o processo, substância ou objeto são apresentados como se fossem exclusivamente anticoncepcionais.

Art. 25 Congelar, manipular ou utilizar nascituro como material de experimentação:

Pena – Detenção de 1 (um) a 3 (três) anos e multa.

Art. 26 Referir-se ao nascituro com palavras ou expressões manifestamente depreciativas:

Pena – Detenção de 1 (um) a 6 (seis) meses e multa.

Art. 27 Exibir ou veicular, por qualquer meio de comunicação, informações ou imagens depreciativas ou injuriosas à pessoa do nascituro:

Pena – Detenção de 6 (seis) meses a 1 (um) ano e multa.

Art. 28 Fazer publicamente apologia do aborto ou de quem o praticou, ou incitar publicamente a sua prática:

Pena – Detenção de 6 (seis) meses a 1 (um) ano e multa.

Art. 29 Induzir mulher grávida a praticar aborto ou oferecer-lhe ocasião para que o pratique:

Pena – Detenção de 1 (um) a 2 (dois) anos e multa.

Disposições finais

Art. 30 Os arts. 124, 125 e 126 do Código Penal (Decreto-lei nº 2.848, de 7 de dezembro de 1940) passam a vigorar com a seguinte redação:
"Art. 124..
Pena – reclusão de 1 (um) a 3 (três) anos (NR).
"Art. 125..
Pena – reclusão de 6 (seis) a 15 (quinze) anos (NR).
"Art. 126..
Pena – reclusão de 4 (quatro) a 10 (dez) anos (NR)"
Art. 31 O art. 1º da Lei nº 8.072, de 25 de julho de 1990 (Lei dos Crimes Hediondos), passa a vigorar com o acréscimo do seguinte inciso VIII:
"Art. 1º ....
VIII – aborto (arts. 124 a 127) (NR)". Art. 32 Esta lei entrará em vigor após cento e vinte dias de sua publicação oficial.

O projeto (PL nº 478/2007) é bastante polêmico, por incluir a modalidade culposa de aborto no rol de crimes, bem como por dispor que, em caso de gravidez resultante de estupro, identificando-se o genitor, este será responsável pela pensão alimentícia devida à criança, o que grande parte da sociedade entendeu como mais uma violência à mulher, que seria obrigada a conviver com o seu estuprador.

Na justificação, são os motivos apresentados à propositura da lei:

> Em 25 de março de 2004, o Senado dos Estados Unidos da América aprovou um projeto de lei que concede à criança por nascer (nascituro) o status de pessoa, no caso de um crime. No dia 1º de abril, o presidente George W. Bush sancionou a lei, chamada "Unborn Victims of Violence Act" (Lei dos Nascituros Vítimas de Violência). De agora em diante, pelo direito norte-americano, se alguém causar morte ou lesão a uma criança no ventre de sua mãe, responderá criminalmente pela morte ou lesão ao bebê, além da morte ou lesão à gestante. Na Itália, em março de 2004, entrou em vigor uma lei que dá ao embrião humano os mesmos direitos de um cidadão.

Não seria má idéia se o Brasil, seguindo esses bons exemplos, promulgasse uma lei que dispusesse exclusivamente sobre a proteção integral ao nascituro, conforme determinou o Pacto de São José de Costa Rica, assinado por nosso País. Eis uma proposta de "Estatuto do Nascituro", que oferecemos aos Colegas Parlamentares. Se aprovada e sancionada, poderá tornar-se um marco histórico em nossa legislação.

O presente projeto de lei, chamado "Estatuto do Nascituro", elenca todos os direitos a ele inerentes, na qualidade de criança por nascer. Na verdade, refere-se o projeto a expectativa de direitos, os quais, como se sabe, gozam de proteção jurídica, podendo ser assegurados por todos os meios moral e legalmente aceitos. Vários desses direitos, já previstos em leis esparsas, foram compilados no presente Estatuto. Por exemplo, o direito de o nascituro receber doação (art. 542. Código Civil), de receber um curador especial quando seus interesses colidirem com os de seus Pais (art. 1.692, Código Civil), de ser adotado (art. 1.621, Código Civil), de se adquirir herança (art. 1.798 e 1.799, 1 Código Civil), de nascer (Estatuto da Criança e do Adolescente, art. 7º), de receber do juiz uma sentença declaratória de seus direitos após comprovada a gravidez de sua mãe (arts. 877 e 878, Código de Processo Civil).

O presente Estatuto pretende tornar integral a proteção ao nascituro, sobretudo no que se refere aos direitos de personalidade. Realça-se, assim, o direito à vida, à saúde, à honra, à integridade física, à alimentação, à convivência familiar, e proíbe-se qualquer forma de discriminação que venha a privá-lo de algum direito em razão do sexo, da idade, da etnia, da aparência, da origem, da deficiência física ou mental, da expectativa de sobrevida ou de delitos cometidos por seus genitores.

A proliferação de abusos com seres humanos não nascidos, incluindo a manipulação, o congelamento, o descarte e o comércio de embriões humanos, a condenação de bebês à morte por causa de deficiências físicas ou por causa de crime cometido por seus pais, os planos de que bebês sejam clonados e mortos com o único fim de serem suas células transplantadas para adultos doentes, tudo isso requer que, a exemplo de outros países como a Itália, seja promulgada uma lei que ponha um "basta" a tamanhas atrocidades.

Outra inovação do presente Estatuto refere-se à parte penal. Cria-se a modalidade culposa do aborto (que até hoje só é punível a título do dolo), o crime (que hoje é simples contravenção penal) de anunciar processo, substância ou objeto destinado a provocar aborto, elencam-se vários outros crimes contra a pessoa do nascituro e, por fim, enquadra-se o aborto entre os crimes hediondos.

Fazemos questão de transcrever o trecho de um recente artigo publicado na revista jurídica Consulex, de autoria da ilustre promotora de justiça do Tribunal do Júri do Distrito Federal, Dra. Maria José Miranda Pereira:

> *"Como Promotora de Justiça do Tribunal do Júri, na missão constitucional de defesa da vida humana, e também na qualidade de mulher e mãe, repudio o aborto como um crime nefando. Por incoerência de nosso ordenamento jurídico, o aborto não está incluído entre os crimes hediondos (Lei nº 8.072/90), quando deveria ser o primeiro deles. Embora o aborto seja o mais covarde de todos os assassinatos, é apenado tão brandamente que acaba enquadrando-se entre os crimes de menor potencial ofensivo (Lei dos Juizados Especiais 9.099/95). noto, com tristeza, o desvalor pela vida da criança por nascer.*
>
> *Os métodos empregados usualmente em um aborto não podem ser comentados durante uma refeição. O bebê é esquartejado (aborto por curetagem), aspirado em pedacinhos (aborto por sucção), envenenado por uma solução que lhe corrói a pele (aborto por envenenamento salino) ou simplesmente retirado vivo e deixado morrer à míngua (aborto por cesariana). Alguns demoram muito para morrer, fazendo-se necessário ação direta para acabar de matá-los, se não se quer colocá-los na lata de lixo ainda vivos. Se tais procedimentos fossem empregados para matar uma criança já nascida, sem dúvida o crime seria homicídio qualificado. Por um inexplicável preconceito de lugar, se tais atrocidades são cometidas dentro do útero (e não fora dele) o delito é de segunda ou terceira categoria, um "crime de bagatela".*

O nobre deputado Givaldo Carimbão teve a idéia de incluir o aborto entre os crimes hediondos. Tal sugestão é acolhida no presente Estatuto. É verdade que as penas continuarão sendo suaves para um crime tão bárbaro, mas haverá um avanço significativo em nossa legislação penal. O melhor de tudo é que, reconhecido o aborto como crime hediondo, não será mais possível suspender o processo, como hoje habitualmente se faz, submetendo o criminoso a restrições simbólicas, tais como: proibição de frequentar determinados lugares, proibição de ausentar-se da comarca onde reside sem autorização do juiz, comparecimento pessoal e obrigatório a juízo, mensalmente, para informar e justificar suas atividades etc. (cf Lei 9.099/95, art. 89).

Por ser um projeto inovador, que trata sistematicamente de um assunto nunca tratado em outra lei, peço uma atenção especial aos nobres pares. Seria tremenda injustiça se esta proposição tramitasse em conjunto com tantas outras, que tratam apenas de pequenas parcelas do tema que aqui se propõe.

Esperamos que esta Casa de Leis se empenhe o quanto antes em aprovar este Estatuto, para alegria das crianças por nascer e para orgulho desta nação, bem como para a alegria do ex-deputado Osmânio Pereira que pediu-nos para que novamente o colocasse em tramitação nesta nova legislatura.

A relatora da CSSF, deputada Solange Almeida, apontada como católica e que frequenta cultos evangélicos, votou pela aprovação do projeto. Em 2013, o deputado e pastor evangélico já citado, Marco Feliciano, interpôs requerimento para a tramitação do projeto de lei na Comissão de Direitos Humanos e Minorias.

Em 2015, foi aprovado o requerimento de audiência pública para debates sobre o Estatuto do Nascituro. Em 2017, solicitou-se novamente audiência pública sobre o tema, sem sucesso.

Até os dias atuais, vários projetos de lei foram apensados ao projeto original e a tramitação continua, na Câmara dos Deputados.

3.3.1. ABORTO DE ANENCÉFALO

Além de tudo o que já foi colocado acerca do aborto, cumpre discorrer acerca do aborto de anencéfalo, mais um caso em que prevaleceu o ativismo judicial, por não chegar o Congresso Nacional a uma conclusão sobre o assunto.

Em 2004, foi apresentado o projeto de lei nº 4.403, visando descriminalizar o chamado "aborto terapêutico", em caso de anomalia grave e incurável do feto, inclusive anencefalia. Após parecer favorável da CSSF, o projeto foi encaminhado à CCJ em maio de 2015, sem nova movimentação até os dias atuais. O aborto de anencéfalo foi descriminalizado na prática pelo STF, no já aqui citado julgamento da ADPF nº 54, em 2013. É a ementa do julgamento:

> ESTADO – LAICIDADE. O Brasil é uma república laica, surgindo absolutamente neutro quanto às religiões. Considerações. FETO ANENCÉFALO – INTERRUPÇÃO DA GRAVIDEZ – MULHER – LIBERDADE SEXUAL E REPRODUTIVA – SAÚDE – DIGNIDADE – AUTODETERMINAÇÃO – DIREITOS FUNDAMENTAIS – CRIME – INEXISTÊNCIA. Mostra-se inconstitucional interpretação de a interrupção da gravidez de feto anencéfalo ser conduta tipificada nos artigos 124, 126 e 128, incisos I e II, do Código Penal.

Em seu relatório, o Ministro Marco Aurélio narrou sobre as audiências públicas ocorridas no STF, tal como ocorre comumente no Congresso Nacional, quando se trata de temas como esse, sendo ouvidos os seguintes representantes religiosos:

> O primeiro dia de audiência pública destinou-se a entidades religiosas e sociológicas. Os trabalhos iniciaram com a oitiva dos Drs. Luiz Antônio Bento e Paulo Silveira Martins Leão Júnior, representantes da Conferência Nacional dos Bispos do Brasil. Ambos defenderam a humanidade do feto em gestação, independentemente de má-formação, bem como o fato de a reduzida expectativa de vida não ter o condão de lhe negar direitos e identidade. Argumentaram que "a vida de cada

indivíduo não é apenas um bem pessoal inalienável, mas também um bem social", ou seja, cabe à própria sociedade a promoção e defesa dos direitos do feto portador de anomalia, não podendo o Estado julgar o valor intrínseco de uma vida pelas deficiências.

A seguir, o Dr. Carlos Macedo de Oliveira, representante da Igreja Universal do Reino de Deus, sustentou o livre arbítrio de todo ser humano. Disse prevalecer, nesse caso, o desejo da mulher, única capaz de dimensionar o impacto pessoal de uma gravidez de feto anencéfalo. Apontou as diferenças entre descriminalizar a citada espécie de aborto e torná-lo obrigatório para todas as mulheres, independentemente da opção religiosa, cultural ou social. (ADPF 54, p. 19-20).

Curiosamente, a Igreja Universal do Reino de Deus se posicionou, ao contrário da Igreja Católica e de tudo o que havia sido declarado pelas denominações evangélicas, a favor do aborto de anencéfalo.

Com essa opinião, a denominação desagradou às demais representações evangélicas, bem como aos parlamentares religiosos, que se manifestaram após o julgamento. A manifestação também surpreendeu alguns parlamentares não religiosos. Ademais, o ativismo judicial, praticado pelo STF, é visto por muitos como "usurpação" de poderes, conforme já explanado. Em reportagem do portal de notícias *G1*, a manifestação de alguns destes:

Everaldo Pereira
Vice-presidente do Partido Social Cristão (PSC) e pastor da Assembleia de Deus
"Em casos de bebês anencéfalos, que não têm condições de sobrevida, cabe somente ao Criador se encarregar do desfecho, sem que uma mãe venha a carregar um sentimento de culpa pelo resto da vida. A decisão do STF abre um precedente perigoso para a legalização do aborto no país. Daqui a pouco, crianças portadoras de qualquer outra anomalia também poderão ter suas vidas interrompidas por suas mães com o aval do Estado. Não podemos admitir tal atrocidade!"

João Campos
Deputado pelo PSDB-GO, presidente da Frente Parlamentar Evangélica "Lamentavelmente, isso está se tornando rotina por parte do Supremo. Logo, esse não é o primeiro exemplo de usurpação de atividade do Parlamento brasileiro. O que me indigna é, primeiro, o Supremo agir com um ativismo judicial, que gera uma insegurança jurídica para toda a nação, e ao mesmo tempo, o fato de as principais lideranças do Parlamento não terem essa percepção, de que essa atitude do Supremo Tribunal Federal apequena o Parlamento e é ruim para a democracia. Eu acho que a nossa reação não é contra o Supremo, é a favor da democracia e do Estado de Direito."

Lincoln Portela
Deputado pelo PR-MG e integrante da bancada evangélica "Independentemente do mérito, é lamentável que o Supremo continue legislando. Agora, legisla porque mais lamentável ainda é esta Casa abrir espaço para que o Supremo cumpra o papel que seria desta Casa e do Senado Federal. Eu, particularmente, no mérito, sou contra o aborto, mas há questões que precisam ser analisadas mais profundamente."

Marcelo Crivella
Ministro da Pesca e Aquicultura e senador (licenciado) pelo PRB-RJ "É mais uma decisão do Supremo usurpador. O Supremo usurpador desenvolve teses inconstitucionais e inclusive antidemocráticas. Desclassificar a priori qualquer instituição pró-vida por achar que os argumentos são religiosos é um preconceito inominável, que tem um alcance, eu diria até, ariano. [...] Quer dizer, descartaram a todos, e dez, onze brasileiros vão decidir um tema que o Congresso não decidiu exatamente porque não amadureceu uma solução pacífica para a controvérsia."

Silas Câmara
Deputado pelo PSD-AM, membro da Frente Parlamentar Evangélica "A decisão é absurda. Eu não entendo porque os caras que têm dezenas, centenas de milhares de processos para serem julgados, alguns deles importantes, inclusive de corrupção, achem que é mais importante julgar, por exemplo, aborto e casamento de pessoas do mesmo sexo."

Portanto, o que o STF discutiu, no referido julgamento, foi "o que é vida", posto que o aborto é crime previsto no Código Penal. Assim, não poderia ser permitido judicialmente, posto que o judiciário deve aplicar leis, e não suprimi-las do ordenamento jurídico.

Ao se permitir o aborto de anencéfalo, foram utilizados os argumentos de que ao feto sem cérebro não haveria possibilidade de vida. Pergunta-se – e tal pergunta é retórica – se não foram ultrapassadas as atribuições do STF, se essa discussão não deveria ocorrer (ou continuar ocorrendo) no Poder Legislativo.

O fato de existirem parlamentares religiosos, que muitas vezes também ultrapassam as suas atribuições, ao tentarem forçar seus entendimentos religiosos onde estes não cabem, não retira dos mesmos o poder de legislar, dado pelo povo. Acerca do questionamento dos parlamentares religiosos, se a permissão do aborto de anencéfalo não levaria a outras permissões, fazendo com que fetos com deficiências as mais diversas fossem abortados legalmente, não se mostrou de todo incorreta. Ao final de 2015, surge no Brasil a epidemia de *zika vírus*, que, aparentemente, pode provocar microcefalia nos fetos em formação.

Em fevereiro de 2016, a ONU recomendou que o aborto seja descriminalizado, considerando-se a referida epidemia. (SENRA, 2016). Porém, sabe-se que a microcefalia é completamente diferente da anencefalia, sendo que pessoas portadoras de microcefalia podem viver normalmente, assim como pessoas não portadoras. Ainda assim, inúmeros requerimentos foram protocolados na Câmara dos Deputados e no Senado Federal para que se discuta a questão da epidemia, não apenas de *zika vírus*, mas da microcefalia em si.

O deputado evangélico Anderson Ferreira apresentou, em fevereiro de 2016, o PL 4.396/2016, que visa alterar o Código Penal para aumentar a pena ao aborto cometido em razão da microcefalia ou anomalia do feto.Um grupo de advogados já anunciou que prepara ação para ajuizar no STF sobre o assunto, o que poderá se tornar mais um caso de ativismo judicial.

Há quem defenda a realização de plebiscito para a definição do assunto, porém, para os grupos que defendem a sua descriminalização, seria uma maneira de manipulação da opinião pública. (ARAÚJO, 2016).

No Senado foi aprovada a realização de audiência pública na Sugestão Popular nº 15, visando *"Regular a interrupção voluntária da gravidez, dentro das doze primeiras semanas de gestação, pelo sistema único de saúde."* Para grupos defensores do aborto, esta seria uma maneira melhor de consulta pública que a realização de plebiscito.

Desde 2015, diversas audiências públicas foram realizadas na Comissão de Direitos Humanos e Legislação Participativa do Senado. Também já foram juntados ao processo alguns abaixo-assinados contra a descriminalização do aborto, tendo sido entregues por grupos católicos e evangélicos. Superado o "surto" de microcefalia, a proposta ficou sem andamento, tendo sido arquivada em 2019.

4. CONCLUSÃO

Verificou-se, ao longo deste trabalho, que a Bancada Evangélica promove influência direta na política realizada no Congresso Nacional, por vezes aprovando ou impedindo a aprovação de leis, utilizando-se de objetivos e fundamentações, na maioria das vezes, bíblicas. No entanto, conforme demonstrado, essa discussão não suporta uma visão maniqueísta, uma vez que não existe o lado correto e o incorreto. O ser humano, ainda que político, é dotado de opiniões pessoais e conceitos morais, dos quais não pode simplesmente se desfazer ao exercer a sua profissão.

Conforme preceitua Willaime:

> Os progressismos, como os integralismos, reúnem, assim, profundamente, religiões e política. Tais laços não são, contudo, o privilégio de extremismos religiosos. Os laços estabelecidos ente o religioso e o político foram, e ainda são, frequentemente muito fortes. O poder foi, por muito tempo, efetivamente, investido de uma legitimação sagrada e a autonomização do político com relação a qualquer tutela religiosa que se observa no Ocidente é o resultado de um longo processo histórico: a emancipação do político em relação ao religioso não foi feita em um dia e, muitas vezes, traduziu ressacralizações seculares. Em contrapartida, se o político pôde se fazer religião, a religião pôde, também, se fazer política, seja de um modo pacifista ao

> legitimar o *status quo* político, seja, ao contrário, de um modo contestador ao legitimar mudanças sociopolíticas. Mesmo um grupo religioso que prega a distância dos combates locais pode gerar efeitos políticos. De fato, não existe um modo de falar com Deus que seja totalmente neutro sob o plano político, pois toda teologia veicula certa visão do mundo social, mesmo aquelas que não explicitam claramente essa visão. (2012, p. 118-119)

A figura de um juiz, por exemplo, por mais imparcial que deva ser, não conseguirá julgar de forma completamente impessoal um caso em que se veja envolvido de alguma maneira, como a violência praticada a uma criança, sendo ele pai de criança da mesma idade.

Porém, cabe a este julgador buscar a fundamentação jurídica mais justa ao caso, bem como a penalidade legal, sem excessos de qualquer espécie, por mais que se sinta compelido a tanto, uma vez que o seu papel na sociedade deve ser cumprido e respeitado. Isso não significa que o Estado esteja acima das convicções pessoais de qualquer indivíduo. Do contrário, para que se façam respeitar os princípios individuais de cada cidadão, é que se faz necessário um julgamento imparcial, em nome, inclusive, da segurança jurídica da sociedade.

Assim, não se recomenda aqui que os deputados e senadores se desfaçam de seus princípios no momento de legislar, e sim, que se utilizem de argumentos legais, jurídicos, em suas decisões como representantes do povo, que são.

Se um parlamentar é inclinado a ser contrário à prática do aborto, por exemplo, este deve buscar fundamentações legítimas para tanto, a fim de bem representar o povo, porém sem invadir as liberdades religiosas pessoais, sem impingir a sua religião aos demais, respeitando sempre o estado laico do qual escolheu participar de maneira política.

Porém, também não é cabível aos não religiosos que baseiem seu discurso em ser contrário à religião simplesmente. Da mesma forma, as fundamentações devem ser legais e jurídicas. Há que se tolerar a religiosidade e a não religiosidade da mesma forma, não podendo, em um estado democrático e laico, prevalecer qualquer uma sobre a outra.

Não se entende que os religiosos, evangélicos ou não, devam ser impedidos de alguma forma de utilizar-se de sua condição para angariar votos em seu meio; tal fato acontece naturalmente na política e em diversos setores, como um policial que angaria eleitores em meio aos seus; ou um líder comunitário, que alcança muito mais votos em sua comunidade que em meio aos eleitores dele desconhecidos, e assim por diante. Mesmo porque seria impossível tal impedimento, além de ofensivo à democracia e invasivo à esfera individual de cada eleitor.

O que se pode concluir, indubitavelmente, é que a "invasão" da religião na esfera da política, como meio de imposição de crenças e entendimentos morais a todo um povo, que compartilhe ou não dessas mesmas crenças e valores, implica em negação da laicidade do Estado, eis que alguns indivíduos podem ver-se reprimidos em seus direitos mais básicos, ou que assim o entendam.

É preciso que as leis evoluam de acordo com a evolução natural das sociedades. Da mesma forma que a tecnologia e a medicina evoluíram, demandando reformas na legislação, para que esta pudesse acompanhar e tutelar devidamente todas as mudanças, o conceito tradicional de família vem se modificando ao longo do tempo e também merece ser acompanhado pelas leis, para que todos os indivíduos possam receber proteção estatal de forma igualitária.

Da mesma forma, a ciência evolui diariamente e a passos largos, demandando modificações urgentes na legislação, como no caso das pesquisas com células-tronco, tão dificilmente tornada lei e contra a qual ainda há projetos em tramitação no Congresso.

Com isso, pesquisas científicas não podem evoluir e pacientes ficam impedidos de experimentar novos tratamentos de saúde, na maioria das vezes no intuito de curar ou amenizar patologias graves.

Porém, não se deve "pregar" a não religião em nome da ciência, e nem o contrário. Ambas podem caminhar juntas, desde que haja tolerância.

E assim também o é em relação à política. A resposta jamais pode ser a intolerância, tendo em vista não caber à política interferir na religião, assim como o contrário não deveria ocorrer.

Desse modo, há que se pensar em meios de informação à sociedade, tais como campanhas educativas, que respeitem ambos os lados, ou seja, que visem garantir a laicidade do estado e sua consequente evolução legislativa, porém sem produzir qualquer perturbação às religiões, que podem e devem ser livremente exercidas de acordo com a Constituição Federal.

Quanto a casos extremamente polêmicos e ensejadores de divisão de opiniões, quando não se puder chegar a um meio termo, que se pense em uma forma de consulta pública, como o plebiscito. Mas jamais se pode prescindir da tolerância.

John Locke, em sua *Carta acerca da tolerância*:

> A tolerância para os defensores de opiniões opostas acerca de temas religiosos está tão de acordo com o Evangelho e com a razão que parece monstruoso que os homens sejam cegos diante de uma luz tão clara. Não condenarei aqui o orgulho e a ambição de uns, a paixão, a impiedade e o zelo descaridoso de outros. Esses defeitos não podem, talvez, ser erradicados dos assuntos humanos, embora sejam tais que ninguém gostaria que lhe fossem abertamente atribuídos; pois, quando alguém se encontra seduzido por eles, tenta arduamente despertar elogios ao disfarça-los sob cores ilusórias. Mas que uns não podem camuflar sua perseguição e crueldade não cristãs com o pretexto de zelar pela comunidade e pela obediência às leis; e que outros, em nome da religião, não devem solicitar permissão para a sua imoralidade e impunidade de seus delitos; numa palavra, ninguém pode impor-se a si mesmo ou aos outros, quer como obediente súdito de seu príncipe, quer como sincero venerador de Deus: considero isso necessário sobretudo para distinguir entre as funções do governo civil

e da religião, e para demarcar as verdadeiras fronteiras entre a Igreja e a comunidade. Se isso não for feito, não se pode pôr um fim às controvérsias entre os que realmente têm, ou pretendem ter, um profundo interesse pela salvação das almas de um lado, e, por outro, pela segurança da comunidade.

Locke resume bem as conclusões deste trabalho, embora tenha escrito tais palavras – incrivelmente aplicáveis à atual realidade – no século XVII.

O Ministro do STF, Marco Aurélio de Mello, no julgamento da ADPF 54, reforça o entendimento de que, sendo laico um estado, este não poderá intervir nas religiões, tampouco estas nos assuntos do Estado:

> Se, de um lado, a Constituição, ao consagrar a laicidade, impede que o Estado intervenha em assuntos religiosos, seja como árbitro, seja como censor, seja como defensor, de outro, a garantia do Estado laico obsta que dogmas da fé determinem o conteúdo de atos estatais. Vale dizer: concepções morais religiosas, quer unânimes, quer majoritárias, quer minoritárias, não podem guiar as decisões estatais, devendo ficar circunscritas à esfera privada. A crença religiosa e espiritual – ou a ausência dela, o ateísmo – serve precipuamente para ditar a conduta e a vida privada do indivíduo que a possui ou não a possui. Paixões religiosas de toda ordem hão de ser colocadas à parte na condução do Estado. Não podem a fé e as orientações morais dela decorrentes ser impostas a quem quer que seja e por quem quer que seja. Caso contrário, de uma democracia laica com liberdade religiosa não se tratará, ante a ausência de respeito àqueles que não professem o credo inspirador da decisão oficial ou àqueles que um dia desejem rever a posição até então assumida. (p. 11). (DUARTE, 2017, p.137-138).

Tatiane Duarte, após meses de observação no Congresso, afirma:

> De todo modo, as "minorias" continuam a duelar contra argumentos da maioria moral religiosa que preconiza que apenas os justos são titulares de direitos e que os ímpios devem se curvar a uma moralidade reta que não abarca direitos individuais, mas

tão somente valores travestidos por dogmas religiosos. É neste sentido que a (in) vocação do religioso pela FPE, em tempos e espaços do legislativo, legitima tais negociatas políticas interessadas em ordenar o mundo caótico. Retóricas que versam sobre as boas novas trazidas pelo Povo ungido, "costumes bons para a Nação" que transformam a política profana em política sacralizada, ímpios em retos, torna o Brasil uma Nação redimida por preceitos invocados, repetidos, consolidados, disputados no cotidiano mesmo do espaço máximo da República Federativa brasileira: o Congresso Nacional. (2017, p. 138).

Assim, espera-se que o Congresso Nacional se paute pela Constituição e ordenamento jurídico brasileiros, sem tentativas de imposição da religiosidade (ou da não religiosidade) à sociedade, mesmo porque, até mesmo entre os religiosos, há diversas "verdades", não podendo ser alguma considerada absoluta diante das demais e, principalmente, diante da laicidade e liberdade religiosa insculpidas na Constituição.

5. REFERÊNCIAS

A adoção feita por homossexuais: batalhas e vitórias legais. **Em discussão**. Disponível em: < http://www.senado.gov.br/noticias/Jornal/emdiscussao/adocao/relatos-reais-sobre-adocao/-a-adocao-feita-por-homossexuais-batalhas-e-vitorias-legais.aspx>. Acesso em: 16 mai. 2016.

A bem da verdade Magno Malta reafirma o fim do PL 122 como lei anti-homofobia. **Senador Magno Malta**. Disponível em: http://www.magnomalta.com/portal2/index.php/pl-122-mainmenu-52/2256-a--bem-da-verdade-magno-malta-reafirma-o-fim-do-pl-122-como-lei--anti-homofobia>. Acesso em: 15 mai. 2016.

Aborto é questão de saúde pública e não criminal, defende Anistia Internacional. **Anistia internacional Brasil**, 24 set. 2014. Disponível em: <https://anistia.org.br/noticias/aborto-e-questao-de-saude-publica-e--nao-criminal-defende-anistia-internacional/>. Acesso em: 08 mai. 2015.

ALEXY, Robert. **Teoria dos direitos fundamentais**. Trad. Virgílio Afonso da Silva. 2. ed. São Paulo: Malheiros, 2011.

ALMEIDA, Isabel Maria Banond de. **A ideia de liberdade em Portugal**: do contratualismo absolutista às sequelas do triénio vintista. Coimbra: Almedina, 2012.

Antonio de Jesus Dias. **FGV CPDOC**. Disponível em: < http://www.fgv.br/cpdoc/acervo/dicionarios/verbete-biografico/antonio-de-jesus--dias>. Acesso em: 10 mai. 2016.

Após 'crucificação', deputado apresenta projeto para tornar 'cristofobia' em crime hediondo. **Yahoo Notícias**. 09 jun. 2015. Disponível em: < https://br.noticias.yahoo.com/ap%C3%B3s--crucifica%C3%A7%C3%A3o----deputado-apresenta-projeto-para-tornar--cristofobia--em-crime-hediondo-143131360.html?linkId=14805256>. Acesso em: 10 jun. 2015.

ARAÚJO, Thiago de. Jornal Folha de S. Paulo sugere que plebiscito é a melhor forma para discutir o aborto em meio à epidemia de zika e microcefalia. **Huffpost Brasil**. 07 fev. 2016. Disponível em: <http://www.brasilpost.com.br/2016/02/07/folha-plebiscito-aborto_n_9181728.html>. Acesso em: 17 mai. 2016.

ARENZ, Karl. Mão de obra da fé. **Revista de História da Biblioteca Nacional**. Rio de Janeiro, ano 10, n. 112, p. 26-29, jan. 2015.

ARISTÓTELES. **Tratado da política**. Sintra: Publicações Europa-América, 2000.

Atividade legislativa. **Senado Federal**. Disponível em: < http://legis.senado.leg.br/comissoes/;jsessionid=3717E1A56261CA0F33D2C-3DF9D0C3544?0#>. Acesso em: 18 mai. 2006.

BERTASSONI, Carolina. O Tempo e a História em Agostinho de Hipona. **Academia**. Disponível em: < http://www.academia.edu/8216558/O_Tempo_e_a_História_em_Agostinho_de_Hipona>. Aceso em: 22 mai. 2015.

BÍBLIA. Português. **Bíblia online**. Disponível em: <https://www.bibliaonline.com.br>. Acesso em: 07 mai. 2016.

BONAVIDES, Paulo. **Ciência política**. 23. ed. São Paulo: Malheiros, 2016.

BRASIL. Câmara dos Deputados. **Projeto de lei n. 1.804, de 08 jun. 2015**. Altera o art. 208 do Decreto-Lei nº 2.848, de 7 de dezembro de 1940 - Código Penal, para aumentar a pena; e altera a Lei nº 8072, de 25 de julho de 1990 para considerá-lo como crime hediondo. Brasília, 08 jun. 2015. Disponível em: < http://www.camara.gov.br/proposicoesWeb/prop_mostrarintegra?codteor=1345072&filename=PL+1804/2015>. Acesso em: 10 mai. 2015.

BRASIL. Câmara dos Deputados. **Projeto de lei n. 2.285, de 25 de outubro 2007**. Brasília, 25 de outubro de 2007. Disponível em: < http://www.camara.gov.br/proposicoesWeb/prop_mostrarintegra?codteor=517043&filename=PL+2285/2007>. Acesso em: 17 mai. 2016.

BRASIL. Câmara dos Deputados. **Projeto de lei n. 2.544, de 25 de abril 2019.** Proíbe o vilipêndio de dogmas e crenças relativas à religião cristã sob a forma de sátira, ridicularização e menosprezo. Brasília, 25 de abril de 2019. Disponível em: < http://www.camara.leg.br/proposicoesWeb/fichadetramitacao?idProposicao=2199465>. Acesso em: 17 jun. 2019.

BRASIL. Câmara dos Deputados. **Projeto de Lei n. 3.194, de 09 de setembro de 1992.** Proíbe o uso de vestes, símbolos e cenas de cerimonias de qualquer religião, bem como de palavras, temas ou quaisquer outros elementos que façam a apologia ou induzam a pratica do ocultismo, na propaganda e na publicidade veiculadas por qualquer meio de comunicação. Brasília, 09 de setembro de 1992. Disponível em: < http://imagem.camara.gov.br/Imagem/d/pdf/DCD19SET1992.pdf#page=24. Acesso em: 10 maio 2016.

BRASIL. Câmara dos Deputados. **Projeto de lei n. 3.323, de 23 de abril de 2008.** Brasília, 23 de abril de 2008. Disponível em: < http://www.camara.gov.br/proposicoesWeb/prop_mostrarintegra?codteor=557621&filename=PL+3323/2008>. Acesso em: 17 maio 2016.

BRASIL. Câmara dos Deputados. **Projeto de lei n. 4.396 de 16 de fevereiro de 2016.** Altera dispositivo do Código Penal (DecretoLei nº 2.848, de 7 de dezembro de 1940) para prever aumento de pena no caso de aborto cometido em razão da microcefalia ou anomalia do feto. Disponível em: < http://www.camara.gov.br/proposicoesWeb/prop_mostrarintegra;jsessionid=D209FA900E30B-18913D427FEDB720486.proposicoesWeb1?codteor=1433470&filename=PL+4396/2016>. Acesso em: 17 mai. 2016.

BRASIL. Câmara dos Deputados. **Projeto de lei n. 4.508, de 16 de dezembro 2008.** Brasília, 16 de dezembro de 2008. Disponível em: < http://www.camara.gov.br/proposicoesWeb/prop_mostrarintegra?codteor=626318&filename=PL+4508/2008>. Acesso em: 17 mai. 2016.

BRASIL. Câmara dos Deputados. **Projeto de Lei n. 4.646/2016.** Altera o Decreto-Lei Nº 2.848, de 7 de dezembro de 1940 e a Lei Nº 8.072, de 25 de julho de 1990, para tipificar o crime de auxílio, induzimento ou instigação ao aborto e dá outras providências. Brasília, 22 de março de 2016. Disponível em: < http://www.camara.gov.br/proposicoesWeb/prop_mostrarintegra?codteor=1440483&filename=Tramitacao-PL+4646/2016>. Acesso em: 14 mai. 2016.

BRASIL. Câmara dos Deputados. **Projeto de Lei n. 4.703 de 11 de agosto de 1998**. Acrescenta o inciso VIII e o § 1º ao art. 1º da Lei nº 8.072, de 25 de julho de 1990, que dispõe sobre os crimes hediondos. Brasília, 11 de agosto de 1998. Disponível em: < http://www.camara.gov.br/proposicoesWeb/fichadetramitacao?idProposicao=21071>. Acesso em: 14 mai. 2015.

BRASIL. Câmara dos Deputados. **Projeto de lei n. 4.724, de 13 de novembro de 2012**. Estabelece que nas cédulas de dinheiro circulante, fabricado pela Casa da Moeda, constará a frase: -"Deus seja louvado". Brasília, 13 de novembro de 2012. Disponível em: < http://www.camara.gov.br/proposicoesWeb/prop_mostrarintegra?codteor=1038940&filename=PL+4710/2012>. Acesso em: 10 out. 2015.

BRASIL. Câmara dos Deputados. **Projeto de lei n. 478/2007**. Dispõe sobre o Estatuto do Nascituro e dá outras providências. Brasília, 19 de março de 2007. Disponível em: < http://www.camara.gov.br/proposicoesWeb/prop_mostrarintegra?codteor=443584&filename=Tramitacao-PL+478/2007>. Acesso em: 17 mai 2016.

BRASIL. Câmara dos Deputados. **Projeto de lei n. 4.919 de 25 de março de 2009**. Altera a Lei nº 10.406, de 10 de janeiro de 2002 - Código Civil. Brasília, 25 mar. 2009. Disponível em: < http://www.camara.gov.br/proposicoesWeb/prop_mostrarintegra?codteor=641237&filename=Tramitacao-PL+4914/2009>. Acesso em: 16 mai. 2016.

BRASIL. Câmara dos Deputados. **Projeto de lei n. 5.134 de 04 maio 2005**. Altera a redação do art. 5º da Lei nº 11.105, de 24 de março de 2005, e dá outras providências. Brasília, 04 maio 2015. Disponível em: < http://www.camara.gov.br/proposicoesWeb/prop_mostrarintegra?codteor=303685&filename=PL+5134/2005>. Acesso em: 17 mai. 2016.

BRASIL. Câmara dos Deputados. **Projeto de Lei n. 6.583, de 2013**. Dispõe sobre o Estatuto da Família e dá outras providências. Brasília, 16 out. 2013. Disponível em: < http://www.camara.gov.br/proposicoesWeb/prop_mostrarintegra;jsessionid=019C8517B1A448B38A338FBCC0F318C8.proposicoesWeb1?codteor=1159761&filename=PL+6583/2013>. Acesso em: 16 mai. 2016.

BRASIL. Câmara dos Deputados. **Projeto de Lei n. 7.382/2010**. Penaliza a discriminação contra heterossexuais e determina que as medidas e políticas públicas antidiscriminatórias atentem para essa possibilidade. Disponível em: < http://www.camara.gov.br/proposicoesWeb/prop_mostrarintegra?codteor=772783&filename=PL+7382/2010>. Acesso em: 06 mai. 2016.

BRASIL. **Carta de Lei de 25 de março de 1824**. Manda observar a Constituição Politica do Imperio, offerecida e jurada por Sua Magestade o Imperador. Rio de Janeiro, 25 mar. 1824. Disponível em: <http://www.planalto.gov.br/ccivil_03/Constituicao/Constituicao24.htm>. Acesso em: 10 out. 2015.

BRASIL. Congresso Nacional. **Diário da Câmara dos Deputados**. Brasília, ano 62, n. 122, 04 jul. 2007, p. 33835- 33837. Requerimento n. 1.214, de 2007. Disponível em: http://imagem.camara.gov.br/Imagem/d/pdf/DCD04JUL2007.pdf#page=46>. Acesso em: 14 mai 2016.

BRASIL. Conselho Nacional de Justiça. **Resolução n. 175, de 14 de maio de 2013**. Dispõe sobre a habilitação, celebração de casamento civil, ou de conversão de união estável em casamento, entre pessoas de mesmo sexo. Brasília, 14 de maio de 2013. Disponível em: < http://www.cnj.jus.br/busca-atos-adm?documento=2504>. Acesso em: 16 mai 2016.

BRASIL. **Constituição da República dos Estados Unidos do Brasil**. Nós, os representantes do povo brasileiro, pondo a nossa confiança em Deus, reunidos em Assembléia Nacional Constituinte para organizar um regime democrático, que assegure à Nação a unidade, a liberdade, a justiça e o bem-estar social e econômico, decretamos e promulgamos a seguinte. Rio de Janeiro, 16 jul. 1934.

BRASIL. **Constituição da República dos Estados Unidos do Brasil**. Nós, os representantes do povo brasileiro, reunidos em Congresso Constituinte, para organizar um regime livre e democrático, estabelecemos, decretamos e promulgamos a seguinte. Rio de Janeiro, 24 fev. 1891. Disponível em: <http://www.planalto.gov.br/ccivil_03/Constituicao/Constituicao91.htm>. Acesso em: 06 mai. 2016.

BRASIL. **Constituição da República dos Estados Unidos do Brasil**. Rio de Janeiro, 10 nov. 1937. Disponível em: < http://www.planalto.gov.br/ccivil_03/Constituicao/Constituicao37.htm>. Acesso em: 06 mai. 2016.

BRASIL. **Constituição da República Federativa do Brasil de 1967**. O **Congresso Nacional,** invocando a proteção de Deus, decreta e promulga a seguinte. 24 jan. 1967. Disponível em: < http://www.planalto.gov.br/ccivil_03/Constituicao/Constituicao67.htm>. Acesso em: 06 mai. 2016.

BRASIL. **Constituição da República Federativa do Brasil de 1988.** Nós, representantes do povo brasileiro, reunidos em Assembléia Nacional Constituinte para instituir um Estado Democrático, destinado a assegurar o exercício dos direitos sociais e individuais, a liberdade, a segurança, o bem-estar, o desenvolvimento, a igualdade e a justiça como valores supremos de uma sociedade fraterna, pluralista e sem preconceitos, fundada na harmonia social e comprometida, na ordem interna e internacional, com a solução pacífica das controvérsias, promulgamos, sob a proteção de Deus, a seguinte CONSTITUIÇÃO DA REPÚBLICA FEDERATIVA DO BRASIL. Brasília, 5 out. 1988. Disponível em: < http://www.planalto.gov.br/ccivil_03/Constituicao/Constituicao.htm>. Acesso em: 06 mai. 2016.

BRASIL. **Constituição dos Estados Unidos do Brasil.** A Mesa da Assembléia Constituinte promulga a Constituição dos Estados Unidos do Brasil e o Ato das Disposições Constitucionais Transitórias, nos termos dos seus arts. 218 e 36, respectivamente, e manda a todas as autoridades, às quais couber o conhecimento e a execução desses atos, que os executem e façam executar e observar fiel e inteiramente como neles se contêm. Rio de Janeiro, 18 set. 1946. Disponível em: < http://www.planalto.gov.br/ccivil_03/Constituicao/Constituicao46.htm>. Acesso em: 06 mai. 2016.

BRASIL. **Decreto-Lei n. 2.848, de 7 de dezembro de 1940.** Código Penal. Rio de Janeiro, 7 de dezembro de 1940. Disponível em: < http://www.planalto.gov.br/ccivil_03/decreto-lei/Del2848compilado. htm>. Acesso em: 10 mai. 2016.

BRASIL. **Decreto n. 119-A de 07 de janeiro de 1890.** Prohibe a intervenção da autoridade federal e dos Estados federados em materia religiosa, consagra a plena liberdade de cultos, extingue o padroado e estabelece outras providencias. Rio de Janeiro, 7 jan. 1890. Disponível em: < http://www.planalto.gov.br/ccivil_03/decreto/1851-1899/d119-a.htm>. Acesso em: 06 mai. 2016.

BRASIL. **Decreto n. 7.037, de 21 de dezembro de 2009.** Aprova o Programa Nacional de Direitos Humanos - PNDH-3 e dá outras providências. Brasília, 21 de dezembro de 2009. Disponível em: < http://www.planalto.gov.br/ccivil_03/_Ato2007-2010/2009/Decreto/D7037.htm>. Acesso em: 11 mai. 2016.

BRASIL. **Lei n. 8.072, de 25 de julho de 1990.** Dispõe sobre os crimes hediondos, nos termos do art. 5º, inciso XLIII, da Constituição Federal, e determina outras providências. Brasília, 25 de julho de 1990. Disponível em: <http://www.planalto.gov.br/ccivil_03/leis/L8072.htm>. Acesso em: 10 jan. 2016.

BRASIL. **Lei n. 10.406, de 10 de janeiro de 2002.** Institui o Código Civil. Brasília, 10 de janeiro de 2002. Disponível em: <http://www.planalto.gov.br/ccivil_03/leis/2002/l10406.htm>. Acesso em: 17 mai. 2016.

BRASIL. **Lei n. 11.105, de 24 mar. 2015.** Regulamenta os incisos II, IV e V do § 1º do art. 225 da Constituição Federal, estabelece normas de segurança e mecanismos de fiscalização de atividades que envolvam organismos geneticamente modificados – OGM e seus derivados, cria o Conselho Nacional de Biossegurança – CNBS, reestrutura a Comissão Técnica Nacional de Biossegurança – CTNBio, dispõe sobre a Política Nacional de Biossegurança – PNB, revoga a Lei nº 8.974, de 5 de janeiro de 1995, e a Medida Provisória nº 2.191-9, de 23 de agosto de 2001, e os arts. 5º, 6º, 7º, 8º, 9º, 10 e 16 da Lei nº 10.814, de 15 de dezembro de 2003, e dá outras providências. Brasília, 24 mar. 2015. Disponível em: < http://www.planalto.gov.br/ccivil_03/_ato2004-2006/2005/lei/l11105.htm>. Acesso em: 17 mai. 2016.

BRASIL. **Lei n. 12.010, de 03 de agosto de 2009.** Dispõe sobre adoção; altera as Leis nos 8.069, de 13 de julho de 1990 - Estatuto da Criança e do Adolescente, 8.560, de 29 de dezembro de 1992; revoga dispositivos da Lei nº 10.406, de 10 de janeiro de 2002 - Código Civil, e da Consolidação das Leis do Trabalho - CLT, aprovada pelo Decreto-Lei nº 5.452, de 1º de maio de 1943; e dá outras providências. Brasília, 03 de agosto de 2009. Disponível em: < http://www.planalto.gov.br/ccivil_03/_ato2007-2010/2009/lei/l12010.htm>. Acesso em: 17 mai. 2016.

BRASIL. **Lei n. 13.104 de 9 de março de 2015.** Altera o art. 121 do Decreto-Lei nº 2.848, de 7 de dezembro de 1940 - Código Penal, para prever o feminicídio como circunstância qualificadora do crime de homicídio, e o art. 1º da Lei nº 8.072, de 25 de julho de 1990, para incluir o feminicídio no rol dos crimes hediondos. Brasília, 9 mar. 2015. Disponível em: <http://www.planalto.gov.br/ccivil_03/_Ato2015-2018/2015/Lei/L13104.htm>. Acesso em: 06 mai. 2016.

BRASIL. Senado Federal. **Projeto de decreto legislativo n. 106, de 2013.** Susta os efeitos da Resolução nº 175, de 2013, do Conselho Nacional de Justiça, que "dispõe sobre a habilitação, celebração de casamento civil, ou de conversão de união estável em casamento, entre pessoas de mesmo sexo". Brasília, 17 de maio de 2013. Disponível em: < http://www.senado.leg.br/atividade/rotinas/materia/getPDF. asp?t=128003&tp=1>. Acesso em: 17 mai. 2016.

BRASIL. Senado Federal. **Projeto de Lei da Câmara n. 122, de 2006.** Altera a Lei nº 7.716, de 5 de janeiro de 1989, que define os crimes resultantes de preconceito de raça ou de cor, dá nova redação ao § 3º do art. 140 do Decreto-Lei nº 2.848, de 7 de dezembro de 1940 - Código Penal, e ao art. 5º da Consolidação das Leis do Trabalho, aprovada pelo Decreto-Lei nº 5.452, de 1º de maio de 1943, e dá outras providências. Brasília, 14 de dezembro de 2006. Disponível em: < http://www.senado.leg.br/atividade/rotinas/materia/getPDF. asp?t=45607&tp=1>. Acesso em: 14 mai. 2016.

BRASIL. Senado Federal. **Projeto de Lei do Senado nº 236, de 2012.** Reforma do Código Penal Brasileiro. Brasília, 09 jul. 2012. Disponível em: http://www.senado.leg.br/atividade/rotinas/materia/getPDF.asp?-t=111516&tp=1>. Acesso em: 16 mai. 2012.

BRASIL. Senado Federal. **Sugestão popular n. 15 de 16 dez. 2014.** Regular a interrupção voluntária da gravidez, dentro das doze primeiras semanas de gestação, pelo sistema único de saúde. Disponível em: < http://www25.senado.leg.br/web/atividade/materias/-/materia/119431>. Acesso em: 17 mai. 2016.

BRASIL. Supremo Tribunal Federal. Ação de Descumprimento de Preceito Fundamental n. 54. Requerente: Confederação Nacional dos Trabalhadores na Saúde. Intimado: Presidente da República. Relator: Min. Marco Aurélio. Brasília, 30 de abril de 2013. **Supremo Tribunal Federal.** Disponível em: < http://redir.stf.jus.br/paginadorpub/paginador.jsp?docTP=TP&docID=3707334>. Acesso em: 17 mai. 2016.

BRASIL. Supremo Tribunal Federal. Ação direta de inconstitucionalidade n. 3.510. Requerente: Procurador-geral da República. Intimado: Presidente da República e Outros. Brasília, 29 de maio de 2008. **Supremo Tribunal Federal.** Disponível em: < http://redir.stf.jus.br/paginadorpub/paginador.jsp?docTP=AC&docID=611723>. Acesso em: 17 mai. 2016.

BRASIL. Supremo Tribunal Federal. Ação Direta de Inconstitucionalidade n. 4.277. Requerente: Procuradora-Geral da República. Intimados: Presidente da República e Congresso Nacional. Relator: Min. Ayres Britto. Brasília, 05 de maio de 2011. **Supremo Tribunal Federal**. Disponível em: < http://redir.stf.jus.br/paginadorpub/paginador.jsp?docTP=AC&docID=628635>. Acesso em: 16 mai. 2016.

BRASIL. Supremo Tribunal Federal. Mandado de Injunção n. 4.733. Requerente: Associação Brasileira de Gays, Lésbicas e Transgêneros – ABGLT. Impetrado: Congresso Nacional. Relator: Min. Edson Fachin. Brasília, 23 de maio de 2019. **Supremo Tribunal Federal**. Disponível em: < http://portal.stf.jus.br/processos/detalhe.asp?incidente=4239576>. Acesso em: 17 jun. 2019.

CARDOSO, Teresa. Senado abre processo de impeachment contra Dilma Rousseff. **Agência Senado**. Brasília, 12 maio 2016. Disponível em: < http://www12.senado.leg.br/noticias/materias/2016/05/12/senado-abre-processo-de-impeachment-contra-dilma-rousseff>. Acesso em: 17 mai. 2016.

Caso Jandira: grávida morta em clínica clandestina de aborto se torna símbolo no Rio. **R7 Notícias**, 18 dez. 2014. Disponível em: <http://noticias.r7.com/rio-de-janeiro/caso-jandira-gravida-morta-em-clinica-clandestina-de-aborto-se-torna-simbolo-no-rio-18122014>. Acesso em: 08 mai. 2015.

CHAGAS. Tiago. **Pastor Silas Malafaia comemora "sepultamento" do PL 122 e Jean Wyllys lamenta; Veja lista dos senadores que votaram pelo fim do projeto**. 18 dez. 2013. Disponível em: < http://noticias.gospelmais.com.br/silas-malafaia-comemora-pl-122-jean-wyllys-lamenta-63497.html>. Acesso em: 15 mai. 2016.

Comissões Mistas. **Câmara dos deputados**. Disponível em: < http://www2.camara.leg.br/atividade-legislativa/comissoes/comissoes-mistas>. Acesso em: 18 mai. 2016.

Comissões permanentes. **Câmara dos deputados**. Disponível em: < http://www2.camara.leg.br/atividade-legislativa/comissoes/comissoes-permanentes>. Acesso em: 18 mai. 2016.

Delcídio, de líder do governo a terceiro senador cassado. **Agência Senado**. Brasília, 10 maio 2016. Disponível em: < http://www12.senado.leg.br/noticias/materias/2016/05/10/delcidio-de-lider-do-governo-a-terceiro-senador-cassado>. Acesso em: 17 mai. 2016.

DUARTE, Tatiane dos Santos. **"A casa dos ímpios se desfará, mas a tenda dos retos florescerá"**: a participação da Frente Parlamentar Evangélica no legislativo brasileiro. Dissertação (mestrado) – Câmara dos Deputados, Centro de Formação, Treinamento e Aperfeiçoamento (Cefor), Departamento de Antropologia da Universidade de Brasília (UnB), 2011. Disponível em: <bd.camara.leg.br/bd/handle/bdcamara/9288>. Acesso em: 03 mai. 2016.

FIÚZA, César. **Direito civil**. 13. ed. rev. atual e ampl. Belo Horizonte: Del Rey, 2009.

FRESTON, Paul. **Religião e política, sim; Igreja e Estado, não**: os evangélicos e a participação política. Viçosa: Ultimato, 2006.

Governo espanhol desiste da reforma da lei do aborto e ministro da Justiça demite-se. 23 set. 2014. **Público**. Disponível em: < https://www.publico.pt/mundo/noticia/governo-espanhol-retira-nova-lei--do-aborto-1670593>. Acesso em: 17 mai. 2016.

IRAHETA, Diego. STF reconhece adoção por casal gay, e Brasil avança mais um passo nos direitos LGBT. **Huffpost Brasil**. 19 mar. 2015. Disponível em: < http://www.brasilpost.com.br/2015/03/19/stf-adocao-gay_n_6906530.html>. Acesso em: 16 mai. 2016.

LIMA, Helder. Fortalecida, bancada evangélica já influencia até deputados católicos. **Rede Brasil Atual**, abr. 2015. Disponível em: <http://www.redebrasilatual.com.br/2015/04/bancada-evangelica-influencia-ate-deputados-catolicos-1215.html>. Acesso em: 02 mai. 2016.

LIMA, Venício A. de. Estado laico *vs*. proselitismo religioso. **Observatório da imprensa**. Ano 19, n. 904, 17 ago. 2010. Disponível em: < http://observatoriodaimprensa.com.br/imprensa-em-questao/estado-laico-vs-proselitismo-religioso/>. Acesso em: 20 mai. 2016.

LOBATO, Elvira. Lei da selva na disputa entre igrejas. **Pública**. Disponível em: < http://www.apublica.org/tvsdaamazonia/lei-da--selva-na-disputa-entre-igrejas/>. Acesso em: 20 mai. 2016.

LOCKE, John. **Carta acerca da tolerância**. Trad. Anoar Aiex. Disponível em: <http://dhnet.org.br/direitos/anthist/marcos/edh_locke_carta_tolerancia.pdf>. Acesso em: 05 mai. 2016.

LOPES, Paulo Victor Leite; VITAL DA CUNHA, Cristina. **Religião e política**: uma análise da atuação de parlamentares evangélicos sobre direitos das mulheres e LGBTs no Brasil. Rio de Janeiro: Fundação Heinrich Böll, 2012.

MAQUIAVEL, Nicolau. **O príncipe**. LCC Publicações eletrônicas, 2012. Disponível em: <http://www.culturabrasil.pro.br/maquiavel. htm>. Acesso em: 10 out 2013.

MEDEIROS, Étore. FONSECA, Bruno. As bancadas da Câmara. **Pública**. 18 fev. 2016. Disponível em: < http://apublica.org/2016/02/truco-as-bancadas-da-camara/>. Acesso em: 20 mai. 2016.

MENDES, Gilmar; COELHO, Inocêncio Mártires; BRANCO, Paulo Gustavo Gonet. **Curso de direito constitucional**. 4. ed. rev. e atual. São Paulo: Saraiva, 2009.

MOREIRA, Adriano. **Ciência política**. Lisboa: Livraria Bertrand, 1979.

MUHANA, Adma. Deus quer, Portugal será. **Revista de História da Biblioteca Nacional**. Rio de Janeiro, ano 10, n. 112, p. 36-39, jan. 2015.

'Nós cristãos estaremos em perigo', diz Feliciano sobre criminalização da LGBTfobia. 15 jun. 2019. **O Dia**. Disponível em: <http://odia.ig.com.br/brasil/2019/06/5653819--nos-cristaos-estaremos--em-perigo--diz-feliciano-sobre-criminalizacao-da-lgbtfobia.html>. Acesso em: 17 jun. 2019.

ORGANIZAÇÃO DAS NAÇÕES UNIDAS. Conferência mundial sobre os direitos humanos. **Declaração e programa de ação de Viena**. Viena, 1993. Disponível em: < http://www.ohchr.org/EN/ProfessionalInterest/Pages/Vienna.aspx>. Acesso em: 11 mai. 2016.

Participe agora do abaixo-assinado. **Associação Vitória em Cristo**. 25 maio 2011. Disponível em: < http://www.vitoriaemcristo.org.br/_gutenweb/_site/gw-noticias-detalhe/?cod=456>. Acesso em: 15 mai. 2016.

Pesquisa: Brasil é o segundo maior país cristão do mundo. **Verdade gospel.com**. 22 jan. 2016. Disponível em: < http://www.verdadegospel.com/pesquisa-brasil-e-o-segundo-maior-pais-cristao-do-mundo/>. Acesso em: 17 mai. 2016.

RIBEIRO, Darcy. **O povo brasileiro**: a formação e o sentido do Brasil. 13. ed. São Paulo: Companhia das Letras, 2006.

RUSSAR, Andrea. Brasil: A laicidade e a liberdade religiosa desde a Constituição da República Federativa de 1988. **E-gov**. mar. 2012. Disponível em: < http://www.egov.ufsc.br/portal/conteudo/brasil-laicidade-e-liberdade-religiosa-desde-constituição-da-república-federativa-de-1988>. Acesso em: 06 maio 2016.

SANDEL, Michael J. **Justiça**: o que é fazer a coisa certa. Trad. Heloisa Matias e Maria Alice Máximo. 13. ed. Rio de Janeiro: Civilização Brasileira, 2014.

SATHLER-ROSA, Ronaldo. Religiões, contexto e política: uma aproximação teológico-cultural. **E-legis**, Brasília, n. 13, p. 7-20, jan/abr 2014. Disponível em: <bd.camara.leg.br/bb/handle/bdcamara/17579>. Acesso em: 03 mai. 2016.

SENRA, Ricardo. Grupo prepara ação no STF por aborto em casos de microcefalia. **BBC Brasil**. Brasília, 29 jan. 2016. Disponível em: < http://www.bbc.com/portuguese/noticias/2016/01/160126_zika_stf_pai_rs>. Acesso em: 17 mai. 2016.

SENRA, Ricardo. ONU defende descriminalização do aborto em meio à epidemia de zika. **BBC Brasil**, 05 fev. 2016. Disponível em: < http://www.bbc.com/portuguese/noticias/2016/02/160205_onu_aborto_zika_rs>. Acesso em: 12 mai. 2016.

SEVERO, Felipe. Um estado laico com bancada evangélica: a bancada evangélica, suas ações e o estado laico. **Revista O Viés**, dez. 2011. Disponível em: <http://www.revistaovies.com/reportagens/2011/12/um-estado-laico-com-bancada-evangelica/>. Acesso em: 02 mai, 2016.

SEZINANDO, Luiz Menezes. Só a fé liberta. **Revista de História da Biblioteca Nacional**. Rio de Janeiro, ano 10, n. 112, p. 32-35, jan. 2015.

SILVA, José Afonso da. **Curso de direito constitucional positivo**. 32. ed. rev. e atual. São Paulo: Malheiros, 2009.

STF afasta Eduardo Cunha do mandato de deputado federal. **Câmara Notícias**. Brasília, 05 maio 2016. Disponível em: < http://www2.camara.leg.br/camaranoticias/noticias/POLITICA/508193-STF-AFASTA-EDUARDO-CUNHA-DO-MANDATO-DE-DEPUTADO-FEDERAL.html>. Acesso em: 17 mai. 2016.

VAINFAS, Ronaldo. Vieira, o incansável. **Revista de História da Biblioteca Nacional**. Rio de Janeiro, ano 10, n. 112, p. 15-21, jan 2015.

VARELLA, Mariana Fusco. Aborto: um problema de saúde pública. **Dr. Dráuzio**, 25 set. 2014. Disponível em: <http://drauziovarella. com.br/para-as-mulheres/aborto-um-problema-de-saude-publica/>. Acesso em: 08 mai. 2015.

Veja como repercutiu a decisão do STF sobre aborto de feto sem cérebro. **G1**. Brasília, 12 abr. 2012. Disponível em: < http://g1.globo. com/brasil/noticia/2012/04/veja-como-repercutiu-decisao-do-stf-sobre-aborto-de-feto-sem-cerebro.html>. Acesso em: 17 mai. 2016.

WILLAIME, Jean-Paul, **Sociologia das religiões**. Trad. Lineimar Pereira Martins. São Paulo: Editora Unesp, 2012.

◎ editoraletramento 🌐 editoraletramento.com.br
ⓕ editoraletramento (in) company/grupoeditorialletramento
ⓨ grupoletramento ✉ contato@editoraletramento.com.br

🌐 casadodireito.com ⓕ casadodireitoed ◎ casadodireito